いいことが起こり続ける数字の習慣

こころの平和をつくる自分マネジメント

望月 実
Minoru Mochizuki

SOGO HOREI PUBLISHING CO., LTD

プロローグ　幸せは〝数字〟が教えてくれる

がんばっているのに、どうして上手くいかないんだろう?
そう感じることはありませんか。

ダイエットをしても続かない。
仕事をすればトラブル続き。
欲しいものを買いたくてもお金が足りない。
そんな日々が続くと、気分が滅入ってしまいます。

周りを見回すと、欲しいものを次々と手に入れたり、らくらくと理想のスタイルを手に入れたりしている人がいるのではないでしょうか。

そんな人を見るたびに、「何であの人のように、自分は上手くできないのだろう」と、くやしい思いをすることがあるかもしれません。

そんなときは**「数字」を使って、あなたの人生をチューニング**してみませんか?

私の本職は会計士で、外資系の会計事務所で働いていました。

その頃に学んだことで、今でもとても役に立っていることがあります。

それは、**数字を上手く使うことによって、最小限の力で目標を達成する方法**です。


仕事の目標は効率良く利益を上げることですが、**人生の目標は幸せな時間を増やす**ことだと思います。

そこで私は外資で鍛えた仕事力によって、毎日の生活をもっと幸せにできないかと考えはじめました。

人が幸せを感じるのは、**「健康（ダイエット）」「お金」「人間関係」「時間」**の4つのバランスが取れているときだと考えました。

本書では、数字を使ってこの4つのバランスを取る方法をお伝えします。

数字というと、難しい計算式や決算書などを思い浮かべる方も多いかもしれません。

しかし、本書でお伝えするのは、**誰にでもわかる〝最低限〟の数字**です。

数字のプロは余分な数字は使いません。

むしろ私が行うセミナーは、数字が苦手な女性にとても好評なので、数字が苦手な方でも全く問題はありません。

数字を使うとなぜ、最小限の力で目標を達成することができるのでしょうか？

それは、**数字は目的地までの近道を教えてくれる〝カーナビ〟のようなもの**だからです。

例えば、料理上手のAさんは、いつも手早く美味しい料理を作ることができます。

その秘密は壁に貼ってある、1枚のメモにあります。

味噌汁のような毎日作る料理については、

「3人前　みそ××グラム、水××cc、だし××グラム、
4人前　みそ××グラム、水××cc、だし××グラム」

というように、一番美味しくできたときの分量をメモしておいて、料理のときに「はかり」を使いながら手早く料理を作っています。

「はかり」を使えば味見をしなくても、いつも美味しい料理を作ることができますよね。


また、数字はダイエットにも役立ちます。

私が会計士の仕事を始めた頃の体重は65kgでしたが、仕事が忙しく運動する時間が取れなかったこともあり、10年で10kg増えて75kgになってしまいました。

さすがに身体も重くなったと感じましたし、妻からも「メタボ、メタボ」とからかわれるようになったため、今度こそは本気でやせようと思いました。

10年の間に何度かダイエットをしたのですが、すぐにリバウンドして、もとに戻っ

てしまいました。そのときは「自分は意志が弱いから、ダイエットが成功しないんだろうな」と思っていました。

そのとき、ふと思いました。仕事と同じようにダイエットにも数字を使えば、上手くいくのではないかと。

数字を使ったダイエットは思った以上に上手くいきました。

数字を使ったダイエットの一番の効果は、リバウンドをしなくなったことです。

そして、順調に体重が減っていき、2009年の6月には社会人になった頃とほぼ同じ66kgまで戻すことができました。

いま振り返るとダイエットに失敗していた頃は、「がまん」をしていました。

いろいろと試行錯誤を重ねながら、**「がまんをしなくても体重を減らすことができる仕組み」**を完成させたときにダイエットに成功しました。

私が実践したダイエット方法は、2章の幸運を呼びこむ身体をつくる「数字ダイエット」で紹介します。

もう一度繰り返しになりますが、私は幸せになるために大切なことは、身体、お金、人間関係、時間のバランスを取ることだと思っています。いくらお金をたくさん持っていたとしても、人間関係が悪ければ幸せになることはできません。

幸せになるためには、何かを増やそうと考えるよりも**自分が持っているもののバランスを整えるほうが大切**なのです。そしてバランスが整うと心に平和が訪れます。

人生のバランスを取るために数字を使う必要があるのは、身体（体重）、お金、時間には目に見えないという共通点があるため、**数字にしないと破綻する直前まで気づかない**からです。

例えば、体重を毎日測っていれば、リバウンドをする前に手を打つことができ、いつもスリムな体型を保つことができます。

幸せになるために大切なことは、「がまん」をするのではなく、自分にあった方法を見つけ、楽しみながら続けることです。

人によって幸せへの道筋は違いますが、自分に合った方法しか続けられないことだけは間違いありません。

数字は、自分に合った方法に気づくための道しるべになります。

私は25才で会計士試験に合格し、37才の現在までに本を7冊書いています。

この経歴を聞くと「すごい」と感じる方もいらっしゃるかもしれませんが、がんばったと言うよりは、夢に向かって小さな工夫をたくさん積み重ねただけです。

そして、「がんばること」と「がんばらないこと」のメリハリをつけたことが大きいと思います。

幸せになるためのスタートは自分、そしてゴールも自分です。

人生には模範解答はなく、自分なりの答えを探し出さなければなりません。

その答えはきっと、自分と人に優しくしながら、人と自分を見つめていくうちに見えてきます。

それでは、さっそく数字を使って幸せな人生を探しに行きましょう。

2章　幸運を呼びこむ身体をつくる「数字ダイエット」

3章　願いを叶える「キャッシュフロー表」

4章　幸せな未来を創るコミュニケーション術

5章　理想の人生をデザインする

装丁／石間淳
イラスト／matsu（マツモト ナオコ）
組版／横内俊彦

1章　癒しの「タイムスケジュール」

理想の自分になるための時間を作る

あなたは、「ポジティブシンキング」という言葉に、どのようなイメージを持っていますか？　私は本当のポジティブシンキングとは、たんに楽観的に考えるのではないと思います。

本当のポジティブシンキングとは、**いま何をすれば自分が理想とする未来に近づいていけるか**を「考え」、そして「行動」していくことです。

目の前に美味しそうなお菓子があるときに、「少しくらいお菓子を食べても大丈夫だろう」と考えてしまう……。

将来好きな仕事で独立したいという夢があるときに「必要なお金はなんとかなるだ

ろう」と考えて、目の前にある欲しいものを買ってしまう……。

もちろん、美味しそうなお菓子は食べた方が幸せですし、目の前にある欲しいものは買いたいですよね。

でもその結果、太ってしまったり、独立しようと思ったときに必要なお金がなくなってしまったら、結局は後悔してしまうと思うんです。

じゃあ、がまんすれば良いのかと言えば、それも違うと思います。

人生を楽しむためには、美味しいものは食べたいですし、欲しいものは買いたいですよね。「じゃあどうすればいいの?」という声が聞こえてきそうです。

その答えは、**数字と相談しながら、バランス良く食べ、バランス良くお金を使う習慣をつける**ことです。

理想を現実にするためには、毎日の生活の中で、**理想の自分に近づくための時間を作る**必要があります。

1日24時間という時間は誰にでも平等に与えられていますが、その時間をどう過ごすかによって幸せの感じ方は大きく変わってきます。

そこで1章では、理想の自分に近づく時間を作るために、時間を上手く使う方法を説明します。

私は、時間を上手く使うために、**エクセルで作ったスケジュール表**を1日、3〜4回見直しながら、どういう順番でスケジュールをこなすのが一番効率的かを考えています。

また、どのように時間を使えば、幸せな時間を増やすことができるかを考えるのがとても好きで、**エクセルを使いながら、理想のライフスタイルをデザイン**しています。

この方法を、これからお話させていただきます。

この方法で私は、外資系会計事務所を独立してから、自分の会計事務所を設立し、最近3年間で7冊の本を執筆しています。

そして、私なりの幸せで自由な時間を過ごしています。

ちなみに、本書では1章から4章まで「時間」「ダイエット」「お金」「人間関係」について順番に説明していき、5章「理想の人生をデザインする」でこの4つの要素を組み合わせて、幸せな人生を作る方法を説明しています。

エクセルシートの作り方については5章でもう一度説明しますので、本章の中で難しいと感じたことがあっても、気楽に読み流していただければと思います。

なぜ時間を上手く使うのは難しいのか？

何でこんなに時間が足りないんだろう？　そう感じることはありませんか。

もっと時間があれば、好きなテレビを見たり、友達と一緒にご飯を食べたりしながら、楽しい時間を過ごすことができます。

習い事や資格の勉強をすることで、未来の自分を輝かすこともできます。

でも毎日を振り返ってみると、仕事がスムーズに終わらなかったり、だらだらと過ごしてしまったりして、すぐに時間が足りなくなってしまうのではないでしょうか。

例えば、締め切りが1ヶ月先の仕事があったとします。

最初の頃は「まだ1ヶ月もある」と、余裕な気分で過ごしてしまいますが、締め切り間際になると「あと3日しかない」とあせってしまうことが多いと思います。

これでは、夏休みの宿題を休みが終わるぎりぎりになってやるのと同じですよね。

時間管理の本を読むと、「時間を上手く使うコツは、スケジュールを立てて重要なことから順番に片付けていくこと」と書いてあります。

でも実際にスケジュール表を作って時間管理をしようと思っても、予定していないことがいろいろ起こってしまうため、なかなか上手くはいきません。

あなたも、取引先や上司の都合で会議が突然延期になったり、風邪をひいて体調を崩してしまったりして、予定通りに仕事が進まなかったというような経験があるのではないでしょうか。

そのため、忙しいときはとても忙しくなりますし、そうでないときは時間をもてあましてしまいます。また、どうしても仕事をやる気にならないこともあると思います。

このような時間の性質を考えると、時間を上手く使うためには、やるべきことを

「見える化」して、**優先順位をリアルタイムに見直していく**のがおすすめです。

つまり、スケジュールを**〝パズル〟のように組み替えながら、最もやりやすい順番でこなしていく**というものです。

このことに気づいてから、私は時間をとても上手く使えるようになりました。

そして、予期しないトラブルに見舞われても、スケジュール表を見ながら柔軟に対処できるようになったため、ストレスが減りました。

問題はどのようにすれば、スケジュールを「見える化」し、パズルのように組み替えることができるかです。このスケジュールのパズル化をいろいろと試行錯誤した結果、**「エクセル」**を使うのが一番良いことが分かりました。

それでは、さっそくエクセルを使ったタイムスケジュールの作り方について説明していきます。

スケジュールをパズルのように組み替える

時間を効率的に使うために、やらなければならないことを紙に書き出していき、それを順番に片付けていく……という方法を取っている方も多いと思います。

この方法は1日分のスケジュールを管理するときには効果的ですが、1週間、1ヶ月と長いスケジュールを管理するのには向いていません。

長い期間のスケジュール管理には、エクセルを使ってあなたの時間をパズル化するのがおすすめです。それでは、私の例でお話しします。

まず、1週間の仕事や遊び、雑用などの予定を書き出します。私の2008年10月10日から1週間の主なスケジュールを書き出すと、23ページの図1のようになります。

このように、11月に行うセミナーの準備や雑誌の執筆、12月に出版予定の原稿の締め切りという仕事だけではなく、本や新聞の片付け、ツタヤでＣＤを借りる、クリーニングを出すというようなプライベートでもやりたいことがあります。

これだけの出来事がごちゃごちゃしていると、時間を上手く使うことができません。

そこで、私は**次の３つのステップで、スケジュールを「見える化」する**ことによって、時間を効率的に使っています。

ステップ１　エクセルを使ってスケジュールを「見える化」する
ステップ２　スケジュールの消し込みを行う
ステップ３　スケジュールの見直しを行う

それでは順番に説明していきます。

■ 図1

・セミナー準備（決算書の読み方）
・セミナー準備（情報収集）
・ボイストレーニング6
・雑誌執筆のための資料を調べる
・セミナー準備（営業）
・セミナーの準備（決算書速読術）
・○○さんと会う
・旅行
・単行本の原稿の修正
・新聞の片付け
・ボイストレーニング7
・本の片付け
・エゴスキュー2
・クリーニングを出す
・ツタヤでＣＤを借りる
・ＣＤを返しにいく
・ジムに行く
・部屋の片付け

ステップ1　エクセルを使ってスケジュールを「見える化」する

私の10月10日から1週間の主なスケジュールを、エクセルを使って「見える化」すると25ページの図2のようになります。

エクセルでのスケジュール表の作り方はとても簡単で、**その日にやりたいと思うことを優先順位が高い順番に書いていく**だけです。

そのときは、ちょうど10月12日と13日に旅行に行く予定でした。

そのため、できるだけ11日までにセミナーの準備を終わらせて、すっきりとした気持ちで旅行に行きたいと思いました。そして、旅行から帰ってきてリフレッシュをした後で、本の原稿を書こうかなと考えていました。

■ 図2

10月10日	10月11日	10月12日	10月13日	10月14日	10月15日	10月16日
セミナー準備（決算書の読み方）	セミナー準備（営業）	旅行	旅行	原稿修正	本の片付け	CDを返す
セミナー準備（情報収集）	セミナー準備（決算書速読術）			○○さんにメール	エゴスキュー2	ジム
ボイストレーニング6	17時○○さんと会う			新聞の片付け	クリーニング	部屋の片付け
雑誌執筆のための資料を集める				ボイストレーニング7	ツタヤ	

例えば10月10日であれば、一番やりたいことはセミナーの準備、それが終わったらボイストレーニングを行い、もし時間が残っていれば、雑誌執筆のための資料を集めようと思っていました。

そして、10月10日にはこれ以上のことはできないと思いましたので、残りのセミナーの準備は翌日に回しました。

このように最初は、自分がやりたいことを、どんどんスケジュール表に記入していきます。

もちろん、スケジュールを作るときは仕事だけではなく、趣味や飲み会、遊びなどの楽しいことも積極的に入れていきましょう。

ステップ2　スケジュールの消し込みを行う

次にスケジュールの管理方法です。

一つひとつの**スケジュールを終わらせた時点で、色をつけて消し込んでいきます**（29ページ図3）。

10月13日の時点では、予定したスケジュールをすべて終わらせることができましたので、図3のスケジュール表の約半分の色が変わっています。

このようにスケジュール表の中に色がついている部分が増えていくと、「あー、よくがんばったなあ」という気分になって、だんだん嬉しくなってきます。

私はスケジュール管理で一番大切なことは、このように**自分ががんばったことが分かるようにして、モチベーションを落とさないような仕組みを作る**ことだと考えています。

そのため、自分がやったことを目に見えて分かる仕組みを作り上げることによって、達成感を味わっています。

■ 図3

10月10日	10月11日	10月12日	10月13日	10月14日	10月15日	10月16日
セミナー準備（決算書の読み方）	セミナー準備（営業）	旅行	旅行	原稿修正	本の片付け	CD を返す
セミナー準備（情報収集）	セミナー準備（決算書速読術）			○○さんにメール	エゴスキュー2	ジム
ボイストレーニング6	17時○○さんと会う			新聞の片付け	クリーニング	部屋の片付け
雑誌執筆のための資料を集める				ボイストレーニング7	ツタヤ	

終了した部分に色をつける

10月10日	10月11日	10月12日	10月13日	10月14日	10月15日	10月16日
セミナー準備（決算書の読み方）	セミナー準備（営業）	旅行	旅行	原稿修正	本の片付け	CD を返す
セミナー準備（情報収集）	セミナー準備（決算書速読術）			○○さんにメール	エゴスキュー2	ジム
ボイストレーニング6	17時○○さんと会う			新聞の片付け	クリーニング	部屋の片付け
雑誌執筆のための資料を集める				ボイストレーニング7	ツタヤ	

ステップ3　スケジュールの見直しを行う

毎日いろいろなことが起こりますので、いつもスケジュール通りにいくとは限りません。10月14日は、朝から12月に出す単行本の原稿の修正を行っていましたが、夕方の時点で「これは、今日中には終わらないな」と感じましたので、スケジュールの見直しを行うことにしました（31ページ図4）。

「○○さんに対するメール」は15分位で書けると思ったので、原稿の修正を中断して、その時点でメールを書いて送りました。また、「新聞の片付け」は「本の片付け」と一緒にやった方が効果的だと思い、翌日の15日に動かしました。ボイストレーニングも、16日に先送りすることにしました。

■ 図4

10月10日	10月11日	10月12日	10月13日	10月14日	10月15日	10月16日
セミナー準備（決算書の読み方）	セミナー準備（営業）			原稿修正	本の片付け	CDを返す
セミナー準備（情報収集）	セミナー準備（決算書速読術）	旅行	旅行	○○さんにメール	エゴスキュー2	ジム
ボイストレーニング6	17時○○さんと会う			新聞の片付け	クリーニング	部屋の片付け
雑誌執筆のための資料を集める				ボイストレーニング7	ツタヤ	

↓ 終わらなかった部分はできる日に移動させる

10月10日	10月11日	10月12日	10月13日	10月14日	10月15日	10月16日
セミナー準備（決算書の読み方）	セミナー準備（営業）			原稿修正	原稿修正	CDを返す
セミナー準備（情報収集）	セミナー準備（決算書速読術）	旅行	旅行	○○さんにメール	新聞の片付け	ジム
ボイストレーニング6	17時○○さんと会う				本の片付け	部屋の片付け
雑誌執筆のための資料を集める					エゴスキュー2	ボイストレーニング7
					クリーニング、ツタヤ	

これでだいぶスッキリとしたので、ここで休みを取ることにしました。長い時間集中力を保つ秘訣は、**疲れたと感じた時点で休憩を取ること**です。

とはいえ、先が見えない状態で休憩に入ってもゆっくりと休むことができないので、私は休憩後に何をやるかというメドを立ててから休憩します。

その日は結局、夜の12時頃まで原稿を書いたのですが、さすがに疲れてきたので残りは翌日書くことにしました。そこで、10月15日の頭の部分に「原稿修正」と記載して、その日は寝ることにしました。

このように私はスケジュールを「見える化」するようになってから、時間をバランス良く使えるようになりました。

今回は「予定通りのスケジュールをこなすことができなかった」という例で説明しましたが、逆に14日の原稿の修正が予定よりも早く終わり、時間が余ったとします。

もし30分時間が余ったら、15日に予定していたツタヤにCDを借りに、2時間以上時間が余ったら、16日に予定していたジムに、行ったでしょう。

このようにスケジュールを「見える化」しておくと、時間が余ったときにそのサイズにあった「やりたいこと」を見つけられます。また、時間が足りなくなったときは、どこに持っていくのが一番良いかが分かり、**「時間のやりくり」がとても上手くなります**。

「時間のやりくり」は、1週間よりも1ヶ月というように、スケジュールの期間を長く取れば長く取るほど、やりやすくなります。

スケジュール表には、仕事の予定だけではなく、「海外旅行」「友達との飲み会」などの楽しい予定をどんどん入れていきましょう。私の場合はスケジュール表を見ながら、週に1回程度は友人と飲みに行くというような楽しい予定を入れています。

仕事を楽しくすすめるコツは、「まだ仕事がこんなにある」と考えるのではなく、「この仕事が終わったら、飲み会に行けるぞ！」と、**楽しい未来にフォーカス**することです。私自身スケジュール表を見ながら、「この仕事が終わったら、ゆっくり遊べるぞ」と考えながら、日々の仕事をがんばっています。

ピンチをチャンスに変えるスケジューリング

スケジュールを「見える化」しておくと、**ピンチをチャンスに変える**ことができます。

先ほどの、私のスケジュールの続きでご説明します。

２００８年の10月末には、雑誌と単行本の原稿の締め切り、11月の頭に日経ビジネススクールのセミナーで使う資料の提出期限など、スケジュールがつまっていました。そのため、10月20日以降には新たなスケジュールを入れないと決めていました。

そんなとき、友人の藤田尚弓さんから次のようなメールが届きました。

「ご多忙でしょうが、もし奇跡的に下記の時間が空いておりましたら、わたくしども悪女学研究所のオフ会に特別講師としていらしていただけないかと思い、思いきってメールさせていただきました！」

オフ会の日時は10月25日の夕方からでした。スケジュール表を見たところ、その日は原稿の執筆を行う予定でした。特に人と会う予定などはなかったので、時間の都合をつけることができました。

とはいえ、時間の都合をつけることができたとしても、セミナーを行うのであれば準備も必要です。そもそも12月に出す本の締め切りが迫っていたので、どうしようかと悩んでしまいました。

そのときふと、この本の企画書を書くことを、ずっと先延ばしにしていたことを思い出しました。

以前、本書の担当編集者であるKさんにお会いしたときに、

「女性向けの数字の本は、どうでしょうか？　内容は数字を使って、ダイエットに成功し、お金が貯まり、時間の使い方も上手くなるというものです」

とお話ししたところ、Kさんから「面白そうですね。ぜひ、企画書にして持ってきて下さい」と言われましたが、この日まで、すでに10ヶ月ほどたっていました。

そのとき、次のようなアイディアが浮かびました。

「悪女学研究所のセミナーのテーマを、『ダイエット、お金、時間管理に役立つ数字術』にすれば、そのレジュメが企画書になるから企画書を書く手間が省けるぞ。いや、それだけではなく、Kさんにセミナーに出席してもらえば、この企画が有望かどうかも判断してもらえるから、話が早く進みそうだぞ」

このように考えたらモチベーションが上がったので、セミナーを引き受けることにしました。

セミナーを引き受けることが決まったら、次に必要なのは時間のやりくりです。

どのようにスケジュールを調整するのが一番良いかと考えたところ、単行本と雑誌の執筆については10月20日までに終わらせ、それから悪女学研究所のセミナーの準備をすることにしました（37ページ図5）。

■ 図5

（スケジュール修正前）

10月20日	10月21日	10月22日	10月23日	10月24日	10月25日
日経セミナー最終打ち合わせ	単行本原稿の執筆	単行本原稿の執筆	単行本原稿の執筆	単行本原稿の執筆	単行本原稿の執筆

単行本の原稿を
前倒しで終わらせる

10月26日	10月27日	10月28日	10月29日	10月30日	10月31日
日経セミナー資料の作成	日経セミナー資料の作成	日経セミナー資料の作成	日経セミナー資料提出		日本実業原稿提出
雑誌原稿の準備	雑誌原稿の作成	雑誌原稿の提出			

雑誌の原稿を
前倒しで終わらせる

↓ 単行本と雑誌の原稿を前倒しで
終わらせ、空いた時間に悪女学
研究所のセミナーの準備をする

（スケジュール修正後）

10月20日	10月21日	10月22日	10月23日	10月24日	10月25日
日経セミナー最終打ち合わせ	悪女セミナー準備	悪女セミナー資料提出	日経セミナー資料の作成	悪女セミナー練習	悪女セミナー

10月26日	10月27日	10月28日	10月29日	10月30日	10月31日
日経セミナー資料の作成	日経セミナー資料の作成	日経セミナー資料の作成	日経セミナー資料提出	日経セミナーの練習（前半）	日経セミナーの練習（後半）

10月25日に悪女学研究所の研究員約40名の前でお話ししたところ、とても盛り上がり、非常に楽しい雰囲気の中でセミナーを行うことができました。

そして、Kさんから「すごく面白かったですね。ぜひ、本にしましょう」と言っていただき、本書を出版することになりました。

セミナー依頼のメールを受け取ったときは「困ったなあ。せっかくだから依頼を受けたいけど、スケジュールが厳しいからどうしようかなあ」と、ピンチだと思いました。しかし、**上手く時間をやりくりすることによって、チャンスに変える**ことができました。チャンスはピンチの顔をしてやってきます。

私の経験を振り返ると「こんな短い時間じゃできない」「この仕事は自分には経験がないからできるかなあ」と不安に感じたことを、がんばってやってみることによってチャンスをつかんだことが多かったなあと感じています。

悪女学研究所　研究員の華麗なる日々　http://ameblo.jp/akuijyogaku/

〝3日ぼうず〟を防ぐ小さな階段

ここまで、あなたの自由な時間が増え、幸せになるためのスケジューリングについてお話ししてきました。

スケジューリングで多くの方が悩まれるのは、**いくら計画を立てても〝3日ぼうず〟になってしまう**、ということではないでしょうか？

「ダイエットをしよう」「お金を××円貯めよう」と心に決めても、なかなか思い通りにはならないと思います。私もダイエットは、ずっと〝3日ぼうず〟でした。

〝3日ぼうず〟の原因は、がまんが足りないからだと思っていませんか？

私もずっと、そう思っていました。

でも、〝3日ぼうず〟の本当の原因は、がまんが足りないのではなく、**自分が上れる小さな階段を作ること**ができなかったからなのです。

2章で詳しくお話ししますが、私は社会人になってからの10年間で10kg太りました。その間何度かダイエットを繰り返したのですが、結局続かずにリバウンドを繰り返しました。そのときは、何で自分は食べることを「がまん」できないのだろうと感じていました。

2年ほど前から「数字ダイエット」をするようになり、それからはリバウンドをしなくなりました。

リバウンドしなくなった理由は、食べることを「がまん」したのではなく、自分を見つめながら、**がまんをしなくても良い「仕組み」を作ることができた**からです。

そもそも、がまんを続けることは不可能です。

太るほど食べてしまう理由は、身体ではなく、心の中にあります。

たとえば、仕事で忙しかったり、人間関係が上手くいかなかったりするとストレスがたまります。そして、ストレスを解消する最も簡単な方法は、美味しいものを食べたり、お酒を飲んだりすることです。

ストレスの原因を解消することなく、食べることだけをがまんすると、どこかでダイエットが嫌になってしまいます。

頭の中で分かっていても、心が悲鳴を上げてしまうんですよね。

だから、ダイエットに大切なことは、**まず自分を癒すこと**です。そして、できるだけ無理なく太らない仕組みを作ることです。

また、人には得意なことと、不得意なことがあり、不得意なことほど自分に優しくしなければ続きません。私にとってダイエットは、不得意なことでした。

不得意なことでも、小さな工夫を積み重ねると少しずつできるようになってきます。

そして、その効果が**数字ではっきりと分かると楽しくなって続けたくなります**。

〝3日ぼうず〟を防ぐコツは、**目標に向かって自分が昇ることができる小さな階段を作ること**。

そして、階段を昇ることに飽きないように、**楽しみながら続ける工夫**をすることだと思います。

例えば、ダイエットには代謝を高めるために暖かいハーブティーを飲むのが効果的です。しかし、いくらダイエットに効果的とはいっても、毎日同じハーブティーを飲んでいると飽きてしまいますよね。

そこで、インターネットや食料品店を回っていろいろなハーブティーを手に入れました。たくさんのハーブティーの中から、気分に合ったものを選ぶことができれば、飽きることなく楽しい習慣として続けることができます。

私にとって、ダイエットはなかなかできないことでした。

そこで2章では、自分を見つめながら、自分に優しいダイエット方法をお話しします。

コラム①　世界一の美女の創りかた

私は本を書くときには、書店でいろいろな本を見ながら最終的なイメージを作っていきます。

今回は主に女性をターゲットとした数字の本ということでしたので、『anan』（マガジンハウス）、『日経WOMAN』（日経BP社）、『クロワッサン』（マガジンハウス）などの女性誌や、女性向けのダイエットの本などを読みながら、どのような内容にしようかと考えていました。

そんなときに手に取ったのが、ミス・ユニバースジャパンのナショナル・ディレクターであるイネス・リグロンさんが書いた『世界一の美女の創りかた』（マガジンハウス）です。

この本を読んでびっくりしたのは、**各候補者がミス・ユニバースジャパンを目指して行うトレーニングと、私が外資系会計事務所で学んだ仕事術がそっくり**だったからです。

オーディションで選ばれたミス・ジャパン候補は、6ヶ月という短いトレーニング期間で、自分の美しさを最大限に磨き上げなければなりません。

そのため、その人にふさわしい戦略を立て、ゴールまでの時間と戦いながら、日々美しくなるためのトレーニングを積み重ねていきます。

この最初に目標を定めて、次に目標を達成するための戦略を立てる。そして戦略を具体的な行動に落とし込んだあとは、ゴールまでの時間を逆算してタイムスケジュールに落としていくという発想は、私が外資で学んだ仕事術と全く同じでした。

また、ミス・ジャパンへのトレーニングでは、その人が持っているパーソナリティを伸ばすことに一番力を入れています。2007年のミス・ユニバースに輝いた森理世さんのパーソナリティは、次のようなものでした。

「おてんばなのにセクシーで、ダンサーとしてのダイナミックさがあり、とってもユーモラス。その中に日本人らしい奥ゆかしさや脆さも見え隠れする。それらの特徴を私はひとつひとつ理世に自覚させていったの。自分自身のパーソナリティを正確につかんでなければ、最大限に発揮することはできないから」（『世界一の美女の創りかた』137ページより抜粋）

人は一人ひとりが違った個性を持っていますので、幸せになるためには自分のパーソナリティにあった方法で目標に近づいていく必要があります。

ちなみに、イネス・リグロンさんは美しさの源は健康にあると考えているため、ミス・ジャパンの候補となった人に最初に「健康でありなさい」と伝えるそうです。
そして、ファイナリストに選ばれた女性に対しては、専属の栄養士と話し合って、それぞれの体質にあったメニューを組み立てます。

2章で紹介する数字ダイエットは、ミス・ユニバースを目指すような本格的なものではありませんが、数字と相談しながら食生活の改善や体のメンテナンスを行うことによって、無理なく健康にやせていくというところは同じだなと感じました。

2章

幸運を呼びこむ身体をつくる「数字ダイエット」

数字を見ながら太らない仕組みはできないか?

私にはK君という幼なじみの友人がいます。

K君とは家が近かったこともあり、大学を卒業する頃まではよく遊んでいました。しかし、社会人になってからはお互いに忙しかったことに加えて、私は東京、K君は名古屋で働いていたため、10年ほど会わない時間が過ぎました。

数年前に開かれた小学校の同窓会をきっかけとして、K君と再会しました。

「K君、ひさしぶりだねえ」

「実君（私の名前です）、太ったがあ。信じられん！　大学生の頃は、毎日走ったりして、あんなに身体に気をつけとったのに、どうしたの！」

「K君は、あんま変わっとらんねえ。ダイエットしてんの？」
「うーん。気をつけとるよ。毎朝さあ、体重計にのって、体重が増えてたら、通勤のときに駅3つ分くらい歩くことにしてんだ」
「そうなんだ。えらいねえ」
「そうだよ。3kgも太ると、落とすの大変じゃん。だから1kg増えたら毎日30分くらい歩いて、体重を戻すようにしてんだ。実君も気をつけないかんよ！」

この話を聞いたときに「ダイエットを成功させるためには、毎日気をつけなければならないんだなあ」と感じました。しかしこのときはまだ、毎日体重を測る習慣はなく、ときどきジムに通いながらダイエットをしている気になっていました。

しばらくして引っ越したこともあり、今までとは別のジムに通うことになりました。新しいジムは、トレーニング設備などは今までのジムとほぼ同じでしたが、一つだけ大きく違う点がありました。

それは、トレーニングが終わったら、その日に行ったトレーニングの内容と体重をカルテに記録するというシステムです。

何回かジムに通った後に、そのカルテを見て、重大なことに気づきました。

「なんだ、ぜんぜんやせてないじゃん」

たしかに、よくよく考えると、「今週はジムに行ったから、飲みに行っても大丈夫だな」というように、ジムを行くことを免罪符にしていました。そして、好きなものを食べたり、お酒を飲んだりしていました。

このような生活を送っていても、自分の中ではダイエットをしているつもりでした。

私の本職は会計士で、会社の数字を見ながら、会社が良くなるようなアドバイスをさせていただいています。そのため、ダイエットでも同じように、**数字を見ながら太らない仕組み作りができないか**と考えはじめました。

問題を解決するために大切なことは、**問題の原因をしっかりと理解して、自分にできる方法で解決への道筋を作る**ことです。

そこで最初に、「なぜリバウンドを繰り返したのか」という点について、もう一度ゆっくりと考えてみることにしました。

なぜ、リバウンドを繰り返したのか

私は高校時代に陸上部だったこともあり、走ることは今でも好きです。

大学時代までは好きなものを好きなだけ食べても、1日30分程度走っていればあまり太りませんでした。

そのため、私にとってのダイエットは食事制限ではなく、運動を増やしてやせるというものでした。

新しいジムでのカルテを見ながら、体重が減っていないことに加えて、もう一つ重大なことに気づきました。

それは、平均すると月3～4回くらいしかジムに行っていないということです。

時間に余裕のあるときは週2回位行くこともありますが、仕事が忙しいときはひと月に1回も行けませんでした。

正直なところ、ジムにあまり行っていないことは、うすうす気づいていました。

しかし、ダイエットをしている気分でいたかったので、深く考えないようにしていました。


ところが、実際にカルテの数字を見ていると「今までダイエットをしているつもりだったけど、このままじゃあ、やせないな」と感じるようになりました。

思ったような結果がでないときに気をつけなければならないことは、もっとがんばろうとするのではなく、**「自分が今やっている方法で本当に目標を達成することができるのか」**と、一度立ち止まって考えてみることです。


そこで、私も「なぜリバウンドを繰り返したのか」について、立ち止まって考えてみることにしました。

まず、ジムで運動するために必要な時間ですが、家に帰ってから準備の時間や、往復の時間などを考えると少なくとも2時間はかかります。

そのため、仕事が終わってからジムに行くためには、少なくとも夜の7時前には仕事を終わらせなければなりません。

仕事に余裕があるときはジムに通うことができますが、忙しいときは毎日夜10時過ぎまで働いているので、物理的にジムに通うことは不可能です。

つまり、私が行っていたダイエットは1年に2〜3ヶ月の仕事が忙しくない時期だけは効果を出すことができます。

しかし、仕事が忙しい残りの9ヶ月の間にリバウンドする仕組みになっていました。

このようなダイエットを10年間ほど繰り返しているうちに、10kg太ってしまいました。

私がリバウンドを繰り返したのは、がまんが足りなかったということではありませんでした。学生の頃と同じ方法でダイエットをしていたことが問題だったということに気づきました。

学生の頃は、十分な時間があったので運動してやせることができたのですが、社会人になってからは時間が足りなかったため、運動してやせるよりも太るスピードのほうが早かったのです。

また、社会人になってからは常に仕事に追われていて、大きなストレスを抱えていました。朝から晩まで仕事をしていて遊ぶ時間もないと、どうしても美味しいものを食べることによってストレスを解消する方向に向かってしまいます。

そのような状態で食べることを「がまん」しようと思っても、ストレスがたまってしまい、3日と続きませんでした。

ここで考え方を変えることにしました。

食べることを「がまん」することが難しいのならば、**毎日の生活の中にストレスを解消する仕組みを作れば、やせることができるのではないか。**

一日の中で癒しの時間を増やしたり、食べるものを工夫したりすれば、ダイエットに成功するのではないかと思いました。

結論からいうと、この方法はとても効果的でした。

自分はずっとチョコレートやハンバーガーなどの太りそうなものが好きだったのですが、癒しの時間を増やすようになってから、あまりチョコレートなどを欲しいと思わなくなってきました。

味覚はストレスが多いか少ないかによって、大きく変わるんだなあと自分でもびっくりしています。

それでは、私が成功した**「数字ダイエット」**についてお話ししていきます。

ダイエット成功のための5つの仕組み

ダイエットで一番大切なことは、「がまん」をできるだけ少なくして、ずっと続けられる仕組みを作ることです。
そこで最初に、自分の好きなことや自分が続けられそうなダイエットについて書き出してみました。

自分の好きなこと
①お腹がすいたら、がまんせずに食べたい
②お風呂が好き
③マッサージ、ストレッチが好き

④コーヒー、紅茶などの水分を取ることは好き
⑤寝るのが好き

この5つを極めることによって、やせることができないかと考えました。
まず、この発想自体がそうとうゆるいですよね（笑）。
これを外資で鍛えた仕事力によって、実現できないかと挑戦してみました。

私はストレスを、食べたり飲んだりして解消していました。人は弱い部分は、なかなか変えることができません。そのため私がダイエットを成功させるためには**ハードルをとても低くする必要**がありました。いいかえれば、ダイエット成功にむけて、自分が昇ることができる小さな階段を作りだす必要があります。

いろいろな本を読みながら試行錯誤したところ、次の5つのことに気をつけることによって、ダイエットに成功しました。

1. 数字を使って正しい方向に進んでいるかチェックする（60ページ）

エクセルシートを使って、食べたもの、体重、運動等を記録します。

2. 食べ物に気をつける（76ページ）

食べることをがまんしたくなかったので、低インシュリンダイエットや、間食として食べるものに気をつけることにしました。

3. 代謝を高める（81ページ）

代謝を高めるためにお風呂の入り方や、飲み物の取り方などを工夫しました。

4. 身体のメンテナンスをする（90ページ）

体調がすぐれないと、気分が沈んでしまいます。そこで、ストレッチ、エゴスキュー、腸もみマッサージなどで身体のメンテナンスをすることにしました。

5. 寝る時間を増やす

寝ることは癒しにつながります。タイムスケジュール、リラクゼーションのCD、寝る前のお風呂などで良質の睡眠が取れるように工夫しました。

数字ダイエットの良いところは、スタイルが良くなるだけではなく、余分なものを食べなくなるので「お金も貯まる」ことです。

また、食生活に気をつけるようになると、好き放題食べていたときよりも、食事を美味しくいただくことができるようになります。

さて、まえおきはこのぐらいにして、数字ダイエットの説明を始めたいと思います。

数字ダイエットとは何か?

数字ダイエットとは、**食べたもの、体重を減らす活動、体重の3つを「見える化」**し、数字を見ながら自分に合ったダイエット方法を探すというものです。

61ページの数字ダイエットシートをご覧になって下さい。

上から順番に食べたもの、体重を減らす活動、体重の順番に記録していきます。

それでは、次の3つのステップで数字ダイエットを進めていきましょう。

ステップ1　食べたものを記録する
ステップ2　体重を減らす活動と体重を記録する
ステップ3　「数字ダイエットシート」に記録した内容を分析する

■ 図1 数字ダイエットシート

時間	10月13日	10月14日	10月15日	10月16日
1				
2				
3				
4				
5				
6				
7		バナナ		
8	朝食（和食）	パン、チーズ	バナナ	
9				
10				
11				
12		ゴーヤチャンプル、玄米ごはん	五目おこわ、豚のしょうが焼き	真鯛のムニエル、カブと油揚げの煮物、サラダ、玄米ごはん
13				
14				
15	バナナ、魚肉ソーセージ			
16			ソイジョイ	
17	和菓子			
18	カジキのトマトソース炒め、玄米ごはん、漬け物	目鯛の照り焼き、五目おこわ、吸い物	炒り豆腐、サラダ、カブの葉の炒め煮、玄米ごはん	
19				
20				キノコうどん、マグロの刺身
21	みかん			
22	りんご、魚肉ソーセージ			みかん
23	納豆×2	バナナ、豆乳		
24		みかん、りんご、ソイジョイ		
体重を減らす活動	風呂2回、ボイストレーニング、ジム	風呂3回、ストレッチ	風呂1回、ボイストレーニング	風呂1回
体重	68.4	68.2	68.0	68.2

ステップ1　食べたものを記録する

効果的なダイエットをするためには自分がいつ、何を食べたかをしっかりと理解する必要があります。

最初に、何時に何を食べたかを記録します。

1日に食べる量が一緒だったとしても、朝にたくさん食べた方が太らないと言われるように、食べる時間によっても体重の増え方が変わってくるようです。

ステップ2　体重を減らす活動と体重を記録する

体重を減らす活動についてはお風呂、ストレッチ、ジムなどの体重を減らすのに役立ったと考えられる活動を書きます。

30ページでお話ししたように、10月14日は1日中原稿を書いていましたので、気分転換とダイエットを兼ねてお風呂に3回入っています。

そして、一番下に体重を記録します。

ステップ3　数字ダイエットシートに記録した内容を分析する

食べたもの、体重を減らす活動、体重の3つを比較しながら、体重が減少傾向にある、もしくは目標となる体重をキープしているのでしたらOKです。

しかしながら、体重が増えてしまっているようでしたら、何がいけなかったかを分析し、食生活と体重を減らす活動を見直していきます。

このように**数字と相談しながら、太らないシステムを作る**というのが数字ダイエットです。

ちなみに、モチベーションアップのために体重は1日の中で最も軽いと思われる時間に測りましょう。私は、お風呂上がりに測っています。

ものごとを続けるためには、モチベーションアップが一番大切です。

最初は1日の中で何度も体重を測ってみて、どのように自分の体重が変わっていくのか、そして一番体重が軽いのはいつ頃かを調べてみるのが良いと思います。

数字ダイエットはカロリー計算なし！

数字ダイエットという言葉を聞くと、多くの方はカロリー計算などの数字をたくさん使ったダイエットをイメージしたと思います。

カロリー計算も無駄ではないと思いますが、私はカロリーを計算している時間があったら、腹筋でもしていた方がよほどダイエットに効果があると思っています。

数字に強いというのは、**目的を達成するために必要な最小限の数字しか使わない**ということです。

ダイエットの目標は、カロリーを減らすことではなく、体重を減らすことですよね。

私がダイエットのときにカロリー計算をしないのは、もちろんめんどくさいというのもありますが、次の3つの理由からわざわざカロリー計算をする必要がないのかなと感じているからです。

1．正確なカロリーを計算するのは難しい

ダイエットのために1日のカロリー摂取量の目標を、1200カロリーにしたとします。ここで難しいのは、一つひとつの食べ物のカロリーをどうやって正確に計算するかです。

例えば、あるハンバーガーショップのホームページを見たところ、ハンバーガーの種類によって250キロカロリーから830キロカロリーと大きな差がありました。

そもそも、そのハンバーガーショップはホームページにカロリーが記載されていたため正確なカロリーが分かりましたが、ほとんどの場合は正確なカロリーを調べるのは難しいと思います。

一つひとつの食べたものの正確なカロリーが分からないと、その合計である1日の摂取カロリーは大きくずれてしまいます。

2. カロリーを減らしてもしばらくすると身体がなれてしまう

あなたもダイエットのために、食べる量を減らしたことがあると思いますが、そのときの体重の変化はどうでしたでしょうか?

はじめはどんどん体重が減っていくので、ダイエットの効果を感じると思いますが、しばらくすると体重があまり減らなくなってしまったのではないでしょうか。

カロリー摂取量を減らすと、身体が少ないカロリーで生活することになれてしまうので、しばらくすると体重の減少が止まってしまうのです。


体重が減らなくなってくると、「食べることをがまんしてもしょうがないや」という気持になって、またもとどおり食べてしまいます。

カロリー摂取量を減らすと、身体が少ないカロリーで生活することになれてしまっているので、摂取カロリーを戻すと一気にリバウンドしてしまいます。

もちろんカロリーを減らすことが悪いのではなく、「食べるのをがまん」しているという気持が強いと、ずっと続けることができないことが問題なのです。

3. バランスの良い食生活が一番大切

チーズバーガー1個とリンゴ2個のカロリーは、約300キロカロリーでほぼ同じです。しかしながら、自分の経験から考えると、チーズバーガー1個よりもリンゴ2個食べた方が、体調と体重に良い影響を与えるような気がします。

このように、たとえカロリーが同じであっても食べ物によって身体に与える影響は大きく変わってきます。

そのため、カロリーよりもバランスの良い食生活に気をつけることの方が大切です。

数字に強くなるために大切なことは、カロリーという数字を絶対的なものだと思うのではなく、同じカロリーのものを食べても体重の増え方が違うというように、**数字**

が自分の身体に与える影響を観察することです。

リバウンドしないために大切なことは、がまんをしなくて太らない食生活を作ることです。私は低インシュリンダイエットをベースとした、ヘルシーな食生活をするようになってからリバウンドをしなくなりました。

空腹をがまんするのは難しいですが、お腹がすいたときに太りにくい食べ物を食べるというのは、それほど難しいことではありません。

低インシュリンダイエットについては76ページで説明します。

体重は忘れた頃に増えてくる

体重を毎日記録していると、自分の身体についての新たな発見があります。

私は年末年始の体重を測っているときに、あることに気づきました。

12月になると飲み会が増えてきます。

私は「飲み会が多いと太るんじゃないかな」と心配でしたが、12月はあまり体重が増えなかったので、「よし、ダイエットの危機は乗り切った。これで大丈夫だ」と安心していました。

そして、お正月が過ぎて体重をはかったら2kgほど増えていました。

自分の中では、12月は飲み会が多く太ってもしょうがないと思いましたが、1月に入ってからは太る原因が思いあたらなかったので、納得がいきませんでした。

そこで、数字ダイエットシートを見返したところ、あることに気づきました。

正月太りというのは、お正月にお雑煮を食べ過ぎたからではなく、12月の飲み会が原因なんだろうなということです。


ここにダイエットの難しさがあります。

人間の身体が今日たくさん食べたら、明日太るというメカニズムであれば、太らないように食べるものに気をつけようと考えると思います。

問題なのは、**体重は忘れた頃に増えてくる**ということです。


私の経験からいうと、だいたい2週間すると食べたものが身体に肉としてついてくるようです。

太る生活をすると、2週間ぐらいしたら体重が増えてきますし、その反対に食生活に気をつけたり、運動を増やしたりすると2週間ぐらいで効果がでてきます。

このように**生活習慣と体重にはタイムラグがあります**。

とはいえ、ずっと食べたいものを「がまん」していてはダイエットを続けることはできません。

ダイエットを続けるために大切なのは、**数字ダイエットシートを見ながら、どこまではめを外しても大丈夫かという見極め**をすることです。

私の場合は、週に1回くらいなら飲みに行っても大丈夫です。そして、週2回飲みに行くのであれば、ジムにいく回数を1回増やすなどして、できるだけバランスを取るようにしています。

数字はポジティブに見なければなりません。

「体重が増えないようにがまんする」という発想では続けるのがいやになってしまいます。食べることは人生の重要な楽しみです。

数字と相談しながら「ここまでなら食べても大丈夫」「食べ過ぎたときは運動やお風呂で調整する」というように、楽しみながら続けられるポイントを見つけましょう。

“癒し”が数字ダイエットのキーワード

それでは、数字ダイエットの実践に入っていきます。

数字ダイエットで大切なことは、**最初に「癒し」を考える**ということです。

人はストレスがない状態では「食欲＝空腹」となり、身体が必要なだけ食べれば満足できます。でも、ストレスが多い状態では「食欲≠空腹」という状態になります。

ストレスが多いと太る人は、「食欲＞空腹」となりますし、やせる人は「食欲＜空腹」となり、どちらにしても身体と食欲のバランスを崩してしまいます。

私の場合はストレスを感じると、「食欲＞空腹」となり必要以上に食べてしまいます。

心がストレスを癒すためにたくさん食べようとしているのに、食べるという目に見える行動だけをがまんしようと思っても、上手くいくはずがありません。

ダイエットを成功させるためには、**原因となるストレスに目を向ける**必要があります。

そのため、数字ダイエットではストレスを減らす行動をしたあとで、食生活を見直したり、代謝を高めたりする行動を増やしていきます。

ストレスを減らす行動ですが、これは食べること以外であればなんでも結構です。ストレス解消方法は人によって違うと思います。あなたの最も好きなことをやって下さい。

私のストレス解消方法は、「お風呂に入ること」と「寝ること」です。

お風呂はストレス解消だけではなく、代謝を高めるためダイエットにも効果があります。またお風呂で勉強すれば、スキルアップにも役立ち、お金も増えます。

でも、自宅のお風呂だけではあきてしまいますよね。

そんなときは、家の近くにある銭湯に行ってみるのも良いのではないでしょうか。

銭湯にもいろいろあり、温泉に入れるところもたくさんあります。

私は「@nifty 温泉」というホームページを見ながら、いろいろな温泉を開拓しています。

@nifty 温泉　http://onsen.nifty.com/

また、寝ることも大きな癒しになります。

良質な睡眠を取るために大切なことは、寝る前にできるだけリラックスをすることです。

私は寝る前にぬるめのお風呂に入ったり、リラクゼーションのCDを聞いたりすることによってリラックスできるようにしています。

リラクゼーションの音楽は、波の音や川の流れなどの自然の音だけではなく、自分がリラックスできるのであれば、J-POPでもクラシックでも何でも良いと思います。

また、野口嘉則さんの『心眼力　柔らかく燃えて生きる30の智恵』（サンマーク出版）に付いているCDも、リラックスするのにとても効果があるのでおすすめです。

ダイエットだけではなく、何か目標に向かって行動していると、途中で辞めたくなることもあると思います。

そんなときは、**「がんばりが足りない」と考えるのではなく、「心が疲れているのではないか」**と自分を振り返ってみて下さい。

しばらく休んで心が元気になると、また、理想とする未来に向かって歩き出したくなるものです。

やせる食事の3つのポイント

私はダイエットをしようと思いましたが、お腹がすいてしまうので、食べる量を減らすのは嫌でした。

そこで、食べる量を減らす以外の方法をいろいろと研究しました。

その結果、「バランスの良い食生活」、「食後のデザートに果物を食べる」、「間食に太りにくい食べ物を用意する」という3つに気をつけることによって、スリムな体型を保てる食生活を作り出すことができました。

1．バランスの良い食生活

いろいろな本を読みながら、食べる量を減らさなくて良いダイエットを探したところ、「低インシュリンダイエット」に出会いました。

低インシュリンダイエットとは、すい臓から分泌されるインシュリンというホルモンを少なくする食べ物を選べば、食べる量は減らさなくてもやせることができるというダイエットです。


インシュリンを少なくする食品とは、白米よりも玄米、食パンよりもライ麦パン、うどんよりもそばというように、精製度が低い食品です。

他にも野菜や果物、ナッツ類、キノコ、豆製品、魚や肉などの加工度の低いものは、食べてもあまりインシュリンを増やしません。

低インシュリンダイエットについて詳しく知りたい方には、次の本をお薦めします。

『低インシュリンダイエットを続けるために読む本』（ＨＳＬ健康科学研究所所長 永田孝行監修／新星出版社）

また、ダイエットカウンセラーとして有名な伊達知美さんの次の本も参考になりました。

『やせたい人は食べなさい』（伊達友美著／幻冬舎）
『23時から食べても太らない方法』（伊達友美著／WAVE出版）

伊達さんのダイエットはカロリーを気にするのではなく、栄養があってバランスの良い食事を取ることによって、健康に美しくダイエットをしていくというものです。生ものや発酵食品、豆製品、汁物などの、どちらかと言えば和食を中心としたヘルシーな食生活をすすめています。

とはいえ私自身、それほど食べることに神経質になっているわけではありません。大まかに言えば、ハンバーガーやフライドポテトなどのいかにも太りそうな食事をできるだけ減らして、和食などのヘルシーな食事を増やすというものです。

2．食後のデザートに果物を食べる

食後のデザートに果物を食べるようにしました。ダイエットのコツは「腹八分目で食べるのをやめることだ」とよく言われますが、なかなか腹八分目で食べるのをやめるのは難しいものです。

そこで、食事は腹八分目で終わりにして、デザートとしてりんご、みかん、グレープフルーツなどの果物を食べることにしました。

あなたもお気づきだと思いますが、食べてすぐではなく、食べてからしばらく時間がたつと満腹感を感じます。

そのため、ごはんを食べ終わった時点ですぐにお皿を洗って、それからデザートの果物を用意すると満腹感も出てきますし、キッチンもすっきりするのでおすすめです。

3. 間食に太りにくい食べ物を用意する

ごはんを食べてからしばらくすると、お腹がすきます。お腹がすいた状態ではいらいらしますので、がまんをせずに食べましょう。

そのときに大切なことは、太りにくい食べ物を用意しておくことです。

私はおなかがすいたときは、果物、ナッツ類、納豆や豆乳、ソイジョイなどの食べてもインシュリンがあまり高くならない（太りにくい）ものを食べています。

以前はクッキーやチョコレート、アイスクリームなどを自宅に買い置きしておいたのですが、手元にあるとどうしても食べてしまいます。

そこで、現在は自宅には太りにくい食べ物を用意しておき、アイスクリームやチョコレートなどのお菓子は、どうしても食べたくなったらその都度コンビニに買いに行くようにしています。夜遅くコンビニに行くのは結構めんどくさいので、以前よりもお菓子を食べる量は減りました。

体重減少を加速させる代謝の高め方

食生活に気をつければ少しずつやせていくのですが、**代謝を高めると体重が減るスピードが早くなります**。私は代謝を高めるために、水分の取り方、運動、お風呂の入り方について工夫しました。

1．水分を取る

暖かい飲み物を飲むと、体が温まり代謝を高めることができます。

私は身体に負担をかけない暖かい飲み物として、ペパーミント、レモンジンジャー、ローズヒップなどのハーブティーを飲んでいます。

ダイエットが〝3日ぼうず〟で終わってしまうのは、がまんができないか、飽きてしまうかのどちらかです。

ハーブティーを飲むという習慣は、「がまんができない」ということはないと思いますが、「飽きてしまう」ことはあります。飽きないようにするためには、新しいものを探し続けることが大切です。

私もインターネットや輸入食料品店などでお気に入りのハーブティーを探すことによって、ハーブティーを飲む習慣を続けることができました。

また、前述の『世界一の美女の創りかた』では、美しくやせるためにはマグネシウムやカルシウムが含まれた硬度の高いミネラルウォーターを飲むことを勧めており、イネス・リグロンさんは1日2リットルのエビアンを飲んでいるそうです。

2. 運動する

代謝を高めるためには、もちろん運動するのが一番です。私も時間があるときにはジムに行ってランニングをしていますが、なかなか時間を取ることができないのが悩みです。

そこで家でストレッチなどをすることによって、身体のメンテナンスをするようになりました。詳しくは「身体のメンテナンス」90ページでお話しします。

運動だけでやせるのは難しいと思いますが、運動にはストレスの解消や健康の促進に効果がありますので、私もタイムスケジュール表を上手く使って時間のやりくりをしながら、少しでも運動する時間を増やしています。

3．お風呂の入り方を工夫する

運動をする時間を取ることができなかったので、お風呂の入り方をいろいろ工夫するようになりました。お風呂で過ごす時間を増やすことができれば、体が温まり代謝を高めることができます。

また、本を読んだりテレビを見ていると、クッキーやチョコレートなどの甘いお菓子が欲しくなることもありますが、そんなときには一度休憩して、お風呂に入ることをおすすめします。

お風呂上がりには味が強いものよりも、さっぱりしたものが欲しくなります。

お風呂上がりにハーブティーを飲みながら果物を食べると、満足するのではないでしょうか。

次からは、さらにお風呂でのダイエット法について、お話しします。

楽しみながらお風呂でダイエット

お風呂に入る時間を長くしたり、回数を増やしたりすることによって代謝を高めることができます。

私はお風呂の時間を有効活用するために、ボイストレーニング、本を読む・勉強する、音楽を聴くという3つを実行しています。

1．ボイストレーニング

最近は人前で話す機会が増えたので、滑舌を良くするためにボイストレーニングをはじめました。

もちろん、ボイストレーニングは滑舌に効果があったのですが、予想外の効果もありました。ボイストレーニングは顔の筋肉と腹筋を使いますので、小顔になりましたし、ウエストも引き締まってきました。

滑舌を良くするために始めたボイストレーニングですが、ダイエットに効果があることが分かってからは、時間のあるときはお風呂でボイストレーニングをするようにしました。

ちなみに私は次の本に附属しているCDをiPodに録音し、防水スピーカーで聞きながらトレーニングをしています。

『人生と運命を変える声の育て方　自分の「響き」をゲットできるレッスンCD付き』（楠瀬誠志郎著／マガジンハウス）
『世界一簡単に自分を変える方法（CD付）言葉と声を磨く7つの習慣』（白石謙二著／フォレスト出版）

2. 本を読む、勉強する

私は会計士試験の勉強をしていたときは、少しでも勉強時間を増やしたかったので、暗記が必要な資料をビニールファイルに入れてお風呂の中で暗記していました。

お風呂で暗記物をやるのは気分転換にもなりますし、お風呂の時間も長くなるのでダイエットにも効果的です。

最近は時間があるとお風呂の中で本を読んでいます。

ずっと本を持っていると肩がこりますので、私はお風呂のフタの上に「ほんたった」というブックスタンドを置いて読んでいます。

また、長時間お風呂に入っていると喉が渇きますので、ミネラルウォーターで水分補給をすることも大切です。

「ほんたった」http://edisonworld.jp/

3. 音楽を聴く

元気のあるときはボイストレーニングをしたり、本を読んだりしていますが、疲れたときやリラックスしたいときは iPod で音楽を聴いています。

その日の気分によって音楽を変えていますが、疲れを癒したいときは次の本についているCDを聴いています。

『あなたをうるおすピアノレイキ 幸運体質に変わるCDブック』（橋本翔太著／総合法令出版）

『5分で運がよくなるピアノレイキ 一瞬で波動が変わるCDブック』（橋本翔太著／総合法令出版）

このCDは優しいピアノの音とともに、波の音や、雨の音、川のせせらぎの音が聞こえてきますので、とてもリラックスできます。

また、入浴剤やシャンプー、リンスなどのお気に入りのお風呂グッズを集めるとお風呂がもっと楽しくなります。

「湯の国Web」というホームページでは、「〝うるおう〟スキンケア入浴法」というようなお風呂の入り方から、さまざまなお風呂グッズまでお風呂が楽しくなる情報が満載です。

湯の国Web　http://www.yunokuni.com/

身体のメンテナンス

ダイエットを楽しく続けるためには、身体のメンテナンスも大切です。

私は身体のメンテナンスのために、ストレッチ、エゴスキュー、腸もみエクササイズの3つをやっています。

1. ストレッチ

肩がこったり、筋肉が張っていたりすると頭痛や不眠の原因となり、体調を崩しやすくなります。

私は筋肉の張りを少しでも楽にするために、お風呂上がりで身体が柔らかくなったときにストレッチをしています。

毎日続けていると、身体がだんだん柔らかくなるので面白くなってきます。

2. エゴスキュー

長時間のデスクワークを続けるというような、偏った身体の使い方をしていると人間の身体は歪んできます。

エゴスキューとは、簡単な体操を続けることで身体のゆがみを直すというエクササイズです。私はエゴスキューをやるようになってから背中の張りと腰痛がだいぶ改善しました。腰痛などでお悩みの方におすすめのエクセサイズです。

『痛み解消メソッド驚異のエゴスキュー』（ピート・エゴスキュー著／越山雅代監修・訳　ＫＫロングセラーズ）

3. 腸もみエクササイズ

腸もみエクササイズを行うと、お通じが正常になり、無駄なものを身体から排泄できるようになります。

無駄なものを身体から出すと体重が減るだけではなく、身体への余分な負担がなくなりますので、肌がきれいになったりむくみも少なくなります。

また、緊張するとお腹が痛くなったりすることから、ストレスはお腹にたまるとも言われています。

ストレスで硬くなったお腹を、やさしくマッサージするとリラックス効果もあり心が落ち着いてきます。私は次の本に付いているＤＶＤを見ながら、腸もみエクササイズを覚えました。

『1分でくびれる! 腸もみダイエット　簡単にできる! スペシャルDVD付き』（砂沢佚枝著／フォレスト出版）

ここで数字ダイエットの説明を、いったん終わりにします。

数字ダイエットとは、数字と相談しながら自分にあったダイエット方法を探すものなので、ここまでに説明した内容をすべて行う必要はありません。

私が説明したものの中から、「これはいいいな」と思ったものだけを実践していただけば結構です。

ダイエットは続けられなければ意味がありません。

「この方法はつらいな」と感じたら、癒しの行動を増やして、心を休ませてあげてください。

人生は長いのです。すぐに効果が出なかったとしても、焦らずにずっと続けることができれば、きっと理想の体型を手に入れることができます。

コラム② 未来を創る読書術

私は本を読むメリットは2つあると思っています。

一つ目のメリットは、モチベーションを高めることができることです。

私はメジャーリーガーのイチロー選手のファンなので、イチロー選手について書かれた本をよく読みます。児玉光雄さんの書かれた『イチロー思考』（東邦出版）の中に、次のような言葉がありました。

「結局は細かいことを積み重ねることでしか頂上には行けない。それ以外には方法はないということですね」

これは、ジョージ・シスラーの年間257本の安打記録を破ったあとの記者インタビューで、「その秘訣は何か？」と聞かれたときの言葉です。

この文章を読んで、「イチロー選手のような素晴らしいセンスを持っている人でも、成功するためには細かいことを積み重ねるしかないんだ」と、何だか嬉しくなってきました。

私は「ジムに行く」とか「食べる量を減らす」という、普通の方法ではダイエットを成功させることはできませんでした。

そこで、「お風呂に入る」「低インシュリンダイエットをする」「ハーブティーを飲む」「腸もみエクササイズをする」というような、細かいことを積み上げることによってダイエットを成功させることができました。

もう一つのメリットは、**目標を達成するための自分に合った方法を見つけられる**ことです。

私はずっとダイエットが上手くいきませんでしたが、「低インシュリンダイエット」「エゴスキュー」「腸もみエクササイズ」などと出会うことによって、ダイエットに成功しました。

ただし、本は読むだけでは効果はなく、**行動してはじめて効果**が出ます。

1冊の本から引き出せる価値は、その人の行動力によって大きく変わってきます。

本書を読んでみて、役に立ちそうな部分がありましたら、どんどん行動してみて下さい。

そして、行動するときには目標から外れないように、数字と相談しながら進むのが良いでしょう。

3章　願いを叶える「キャッシュフロー表」

お金持ちに共通する金銭感覚

あなたは、お金持ちにどのようなイメージを持っているでしょうか？

「いつも美味しいものを食べている」「ブランド品をたくさん持っている」というイメージや、その反対に「お金持ちはケチだ」というイメージを持っている方もいらっしゃるかもしれません。

私はいままでの経験から、**お金持ちには共通する金銭感覚**があると感じています。

私が共通していると感じたのは次の3つでした。

1. お金をきちんと把握している

お金持ちになればなるほど、「別荘を買いませんか」「あなたのような方にはこの高級ブランド品がお似合いです」というような誘惑も大きくなってきます。そのため、自分が持っているお金をしっかりと把握していないと危険です。

みんなからお金持ちと思われていた有名人が、突然お金に困るようになるのは、収入が減ったにも関わらず、お金を遣うことへの誘惑に勝てなかったからでしょう。

お金をきちんと把握するということは「お金の流れがどうなっているか」と「現時点でお金（財産）をどれだけ持っているか」を、数字でしっかりと把握することです。

本人がお金の管理をすることが苦手な方、もしくは多額の財産を持っている方は、会計士や税理士などのお金の専門家を雇って、きちんと管理される方が多いようです。

2．ポリシーを持って使っている

お金を残す方というのは、お金の使い方にポリシーがあります。自分が必要だと思うものに対しては思い切ってお金を使いますが、自分が無駄だと感じたものに対しては一切お金を使わないため、他人から見るとケチに見えます。

私はお金持ちは節約という発想ではなく、「自分の価値観に合わない無駄遣いは絶対にしない」というようなポリシーを持っている方が多いと感じました。

3. 世の中の動きを見ながら、どうすればお金が増えるか考えている

お金持ちは世の中を大きな視点で見ながら、どうすればお金が儲かるかをいつも考えています。例えば、テレビや新聞で「原油価格が上昇傾向にあります」というニュースが流れたとします。

このようなニュースを聞くと普通は、「ガソリン代や電気料金などの物価が上がって嫌だな」と感じると思います。

でも、お金持ちは「原油価格が上がると原油を卸売りしている商社が儲かるから、商社の株を買っておこう」というように、**大きな視点から世の中を見ながらどうすれば儲かるか**を考えています。

ここまでお金持ちに共通する金銭感覚を説明しましたが、いきなりお金持ちの人と同じ事をやれば上手くいくというものではありません。

お金持ちになるためには、精神的な強さ、お金に対する知識、人脈等のさまざまな要素を上手く組み合わせる必要があります。

そこで、本書では次の3つの視点を持つことによって、**お金持ちが持っているお金に対する良い習慣を少しずつ身につけていく**という方法を説明していきます。

ステップ1　大きな視点からお金の流れを管理する
ステップ2　無駄なお金を使わない習慣を作る
ステップ3　お金を増やす方法を考える

お金と上手くつきあっていくためには、時間軸を長くとって大きな視点からお金の流れを管理することが大切です。

それでは、お金と上手くつきあうコツを順番にお話ししていきます。

ステップ1　大きな視点からお金の流れを管理する

お金の管理は何のためにするのでしょうか？

それは、持っているお金を上手く使って、自分が本当に欲しいものを手に入れるためです。

言いかえれば、「何かを欲しい」と思ったときに、**どのようにお金をやりくりすれば、それを手に入れることができるかを「見える化」**することです。

お金の流れを「見える化」するためには、家計簿などで使ったお金を管理するだけではなく、キャッシュフロー表を作って、**未来のお金の流れの見通しを立てる**ことが大切になります。

キャッシュフロー表は次のような順番で作成します。

1．ひと月の収入・支出を計算する（現在のお金の流れを分析する）
2．キャッシュフロー表を作る（未来のお金の流れの見通しを立てる）
3．通帳残高とキャッシュフロー表を合わせる（現在の財産を把握する1）
4．投資と貯金を合わせた残高表を作る（現在の財産を把握する2）

1．ひと月の収入・支出を計算する（現在のお金の流れを分析する）

最初に行うのは、現在のお金の流れを分析することです。

家計簿をつけている方は、家計簿を参考にしていただければ良いと思います。

家計簿をつけていない方は、電気代の請求書などを見ながら、大まかな数字を把握して下さい。

このステップで計算するひと月の収入・支出の数字は、未来のお金の流れを知るためのものですので、それほど正確でなくても大丈夫です。

2．キャッシュフロー表を作る（未来のお金の流れの見通しを立てる）

ひと月のお金の流れを把握したら、それをもとにキャッシュフロー表を作成します。

現在は10月という前提で、そこから半年分のキャッシュフロー表を作ってみます（105ページ図1）。

キャッシュフロー表は、「収入」「支出」「残高」の3つの部分に分かれています。

最初に10月の欄をご覧になって下さい。

収入である給料が30万円、支出である生活費が22万円、積立預金が3万円なので、10月の「月間収支」は「5万円」のプラスになります。そのため10月の初めに95万円あった残高が、10月の末には5万円増加して100万円になっています。

同じように11月の数字を見ると収入は給料の30万円ですが、支出は生活費の22万円、積立預金3万円と、海外旅行に行くためのお金として20万円使う予定があるため、合計45万円となります。

そのため11月の初めに100万円あったお金が、11月末には15万円減って85万円と

■ 図1 キャッシュフロー表

（単位：万円）

		10月	11月	12月	1月	2月	3月
収入	収入						
	給料	30	30	30	30	30	30
	ボーナス			60			
	収入合計	30	30	90	30	30	30
支出	支出						
	生活費	22	22	22	22	22	22
	積立預金	3	3	3	3	3	3
	海外旅行		20				
	家電製品購入			15		10	
	洋服				10		
	その他						10
	支出合計	25	45	40	35	35	35
残高	月間収支	5	-15	50	-5	-5	-5
	月初残高	95	100	85	135	130	125
	調整						
	月末残高	100	85	135	130	125	120

なりました。

このように毎月の収入の予定と、将来使う予定のお金を書き出すことによって未来のお金の流れを「見える化」します。

頭の中で「11月は海外旅行に行って、12月はボーナスが入るから冷蔵庫を買おう」とばくぜんと考えるのではなく、実際にキャッシュフロー表を作ってみるとお金の流れのイメージができ、無駄なお金は使いたくないと感じるはずです。

3. 通帳残高とキャッシュフロー表を合わせる（現在の財産を把握する1）

みなさまの中には家計簿をつけている方もいらっしゃると思いますが、毎月通帳の残高を確認している方は、どの位いらっしゃるでしょうか?

家計簿にはその月に使った金額を記載しますが、あくまでも計算上の数字なので、実際のお金の動きとは一致しないことがあります。

そのようなずれを把握するために、メインバンクについては毎月1回くらい銀行の口座残高をチェックするのが良いでしょう。

ちなみに、三菱UFJ銀行などでは預金残高などの一定の条件を満たすと、毎月無料で「メインバンク総合ステートメント」という、ひと月の入出金と月末残高が分かる明細を送ってくれますので、そのようなサービスを利用するのも良いと思います。

通帳残高とキャッシュフロー表を合わせるときの調整方法については、5章の理想の人生をデザインする（212ページ）で説明します。

4．投資と貯金を合わせた残高表を作る（現在の財産を把握する2）

普通預金以外にお金を運用していない方は、通帳残高の確認で終了ですが、定期預金や投資信託などの金融商品でお金を運用している方は、定期的に残高表を作るのが良いでしょう。

定期預金、外貨、投資信託等で資金を運用している人の10月末時点の残高表は108ページ図2のようになります。

■ 図2 残高表（10月末時点）

（単位：万円）

種類	金額
普通預金	100
定期預金	50
外貨	100
投資信託1	150
投資信託2	100
合計	500

ちなみに私も、毎月一定額を定期預金の積立や投資信託の購入にあてています。

毎月無理のない範囲で積立を行い、ボーナスなどの臨時収入があったときには積立金額を増やすというのがお金を貯める一番の近道です。

一番上の普通預金の残高は１００万円で、この数字はキャッシュフロー表の10月末残高と一致しています。その下には、10月末時点の定期預金、外貨、投資信託などの金額を記載し、10月末時点の財産の残高表を作成します。

外貨、投資信託などは価値が変動しますので、定期的に数字をチェックする必要があります。残高表は毎月作った方が良いと思いますが、めんどうな場合は3ヶ月に一度程度でも良いでしょう。

キャッシュフロー表や残高表の作り方については、5章でもう一度説明しますので、ここではだいたいのイメージをつかんでいただければ結構です。

お金を管理する方法についての説明はここで終わりにして、次はお金を増やす方法を説明します。

お金を増やすために大切なことは、目の前の細かいお金を節約することにエネルギーを使うのではなく、次の2つのポイントに注意することです。

1つ目のポイントは、大きな視点から**お金の流れを見ながら、無駄なお金を使わない**習慣を作ることです。

そして2つ目のポイントは、**キャリアアップによって収入を増やす**方法を考えることです。

そこでここからは、私の経験から無駄なお金を使わない方法と、キャリアアップのための道筋についてお話しししたいと思います。

ステップ2　無駄なお金を使わない習慣を作る

1．お金の使い方に気をつける

いろいろなお店を比較すれば、欲しいものを安く手に入れることができますが、あまり多くのお店を比較していると、時間ばかりがどんどん過ぎてしまいます。

そこで、私は時間とお金の効率を考えながら無駄遣いしないように、次の3つのことに気をつけて無駄遣いを防いでいます。

①大きなお金を使うときに注意する

例えば卵を買おうとしたときに、Aスーパーでは1パック248円、Bスーパーでは1パック198円で販売されていたとします。

この場合は、Bスーパーで買えば50円安く買うことができますが、Bスーパーを探すために時間と労力を使ってしまったのであれば、本当の意味で節約できたかは微妙なところです。

一方でプラズマテレビを買おうとしたときに、A家電量販店では20万円、B家電量販店では18万円で販売されていたとします。

この場合はB家電量販店で買うと2万円安く買うことができますので、インターネットなどで価格を比較しながらできるだけ安いお店を探すべきだと思います。

もちろん、塵も積もれば山となりますので、日々の節約は大切だという意見はあると思います。

ただ、プラズマテレビと同じ金額を、卵を使って節約しようとすると「2万円÷50円＝400」となり、卵を400パック買わなければなりません。ちなみに、卵を4

00パック買うには、毎週卵を1パックずつ買ったとしても約8年かかりますので、大きなお金を使うときほど注意が必要です。

②使わない方が良いお金を記録する

ダイエットをするときには、どうすればお菓子やジュースなどの太りそうな食べ物を減らせるかという工夫が必要です。

私はダイエットのためにカロリー計算をしたことはありませんが、お菓子やジュースの**金額を記録**していたことがあります。1日平均300円使ったとしたら、1ヶ月で約9000円もかかってしまいます。

お菓子を食べることによって9000カロリーを摂取したとしても、あまり痛みを感じることはないと思いますが、9000円お菓子を食べてしまったということが分かったら、「太るだけではなく、こんなにお金を使ってしまったのか」という痛みを感じるのではないでしょうか。

このようにお菓子やジュースのお金を記録すると、やせるだけではなく、お金もたまりますので一石二鳥です。

③訳あり品を探す

ＮＨＫの『ご近所の底力』という番組を見ていたら、〝ヒョウ〟の被害にあった青森のりんご農家が大打撃を受けているというリポートがありました。

せっかく作ったりんごがヒョウで傷ついてしまい、見た目を重視する通常ルートでは販売が不可能になってしまったという内容でした。

農家の方が困っていたのと、傷がついたからといって廃棄してしまうのは、あまりにももったいないと思いましたので、インターネットで探してみました。

そうしたら、いくつかのサイトでヒョウの被害にあったりんごが「訳あり品」として安く販売されていました。そこで、購入してみたところ、美味しくいただくことができました。

他にもインターネットで「訳あり品」を探したところ、りんご以外にもいろいろな果物や野菜などの食料品が、傷がついていたり、形が悪かったりという理由で安く売られています。

検索エンジンで「訳あり」と検索するといろいろな商品が出てきますので、興味のある方は探してみて下さい。

2. カードはできるだけ使わない

無駄なお金を使わない習慣をつけるためには、何をどこで買うかというお金の使い方だけではなく、お金の払い方についても注意が必要になります。

多くの方がカードを使われていると思いますが、私は次の3つの理由からカードはできるだけ使わないようにしています。

①カードはお金を使った時の痛みを感じない

例えば10万円のスーツを買うときに、財布から10万円出して買うと「高いものを買ったな」という実感があります。

でも、カードで支払ってしまうと「欲しいものが手に入った」という嬉しさは感じても、お金が減ったという感覚はあまりないのではないでしょうか。

その結果、財布から10万円払った場合は「今月は節約しよう」という気になりますが、カードで支払った場合はあまりお金を払ったという実感がないので、普通にお金を使ってしまいがちだと思います。

②カードはお金が後から減る

私がカードを使わない一番の理由は、お金が後から減るのが嫌だからです。カードで商品を購入すると、通常は商品を買ってから1～2ヶ月後に引き落としがあります。

スーツを買ったときに10万円払うのは納得できるのですが、1～2ヶ月後のあまり着なくなったときに銀行残高が10万円減ってしまうのは、気分の良いものではありません。

ショッピングをしてからしばらくすると、また別のものが欲しくなると思います。

そのときに、銀行残高が10万円減ってしまうのを見ると「○○が欲しいけど、今月は節約した方が良いかな」と感じてしまい、気分がブルーになってしまいます。

③カードはリボ払い（分割払い）をすると金利がかかる

商品を買ってから1〜2ヶ月後に銀行残高が減るのを見て、ブルーに感じる方は、まだ健全な感覚を持っている方だと思います。

一番怖いのは、リボ払いを使うことによって知らないうちに金利を払ってしまうことです。リボ払いとは限度額の範囲内であれば、商品購入の回数や金額に関わらず毎月一定額を支払えば良いというシステムです。

10万円のスーツを買っても、20万円のスーツを買っても毎月支払う金額は同じですが、20万円のスーツを買ったほうが支払期間は長くなります。問題なのはリボ払いの場合は借りている金額に対して、年15％程度の金利を支払わなければならないということです。

例えば、カードの平均残高が30万円の場合は、年間4万5０００円（30万円×15％）の利子を支払わなければなりません。4万5０００円もあれば、新しい洋服も買えますし、美味しいものもたくさん食べられますよね（リボ払いの利息の計算方法には、いろいろな考え方がありますので、詳しくはお使いのカード会社のＨＰなどでお確かめ下さい）。

私はこのような理由から、インターネットショッピング以外のときには、できるだけカードを使わないようにしています。

お金は、使うことによって価値が生まれます。スクールに通うことによって未来の自分に投資することもできますし、がんばっている自分へのご褒美として海外旅行に行くのも価値のある使い方だと思います。

ただ、そのお金を、カードを使って将来の自分に負担させるのではなく、貯まるまで待ってから使ったほうが、喜びがより大きくなるのではないでしょうか。

3. 割引チケットに注意

英会話学校などのスクールでは、枚数が増えれば増えるほど1枚あたりの金額が安くなるという割引チケットがあります。この割引チケットは本当に得なのでしょうか？

それでは、実際の数字を使って考えてみましょう。ある英会話学校では、チケットの販売方法として次のようなA、B、Cの3パターンあります。

A……10枚で3万円（1枚3000円）
B……30枚で7万5000円（1枚2500円）
C……50枚で10万円（1枚2000円）
※チケットの有効期限は購入日より半年とします。

あなたが英会話学校で授業を受けるとしたら、どのパターンを選択しますか？

Aの場合は1枚あたり3000円、Cの場合は1枚あたり2000円なので、一見するとCのチケットを購入するのが一番トクのような気がします。

でも、本当にCのチケットを購入するのが一番トクなのでしょうか？

ここで注意しなければならないのは、Cのチケットが1枚あたり2000円になるのは50枚**すべてを使い終わった時点**だということです。

Cを購入した場合は、買った瞬間にトクをしたような気がしますが、本当にトクをしたかどうかは使い終わるまで分からないのです。

もしCのチケットを購入して有効期限の半年の間に30枚しか使えなかった場合は、1枚あたりの金額は3333円（10万円÷30枚）となってしまい、1枚あたり3000円のチケットAよりも高くなってしまいます。

正直なところ私は英会話学校ではありませんが、何回かプリペイドカードを購入して無駄にしたことがあります。

そのような経験からすべて使い切る自信がないときは、一番少ない枚数を購入するようにしています。

また、割引チケットと同じような考え方で、「スタバではグランデを買うのが一番得だ」と言われますが、本当なのでしょうか？

スターバックスのドリップコーヒーはショート（240cc）が290円、トール

（350cc）が340円、グランデ（470cc）が390円となっています（2009年6月現在）。確かに1ccあたりの値段で見ると、ショートが1.2円、トールが1.0円、グランデが0.8円とグランデが一番安くなります。

私はスターバックスでトールを頼むことが多いのですが、トールで量的には満足しているのでグランデを頼みたいとは思いませんし、グランデの方がトールよりも50円高くなってしまうので、結局は余分な出費になってしまいますよね。

グランデを買うことは数字の上では得だと思いますが、本当の意味で得をするのかは微妙なところです。

無駄なお金を使わないために大切なことは、**支払金額を絶対額で考え、無駄なものを買わないという習慣**をつけることです。

4、お金がたまる「そうじ」力

そうじには、**無駄遣いを減らす効果**があります。

季節が変わると新しい洋服が欲しくなると思いますが、持っている洋服とほとんど同じものを買ってしまい、「失敗した！」と感じることがあるのではないでしょうか。

私は、このような失敗を何度もしました。

「この服はかっこいいな」と思い、買って家に帰ると、似たような服がクローゼットや衣装ケースの中にあることが何度もありました。確かに2つを比べると微妙に違うのですが、他人から見たら同じ洋服を着ているようにしか見えないでしょう。

このような失敗を防ぐために、春物の洋服を買いに行くときには、クローゼットの中にある春物を整理してからショップに行くようにしました。

クローゼットを整理してからショップに行くようになってからは、無駄な買い物をすることがなくなりました。

さらに、そうじをしないと、**モノが増えてお金が減るという法則**があるのではないかと私は感じています。仕事がら、私は普通の方よりも本をたくさん買っていると思います。しかし、忙しいのでなかなか読むことはできません。

そして、その本を読まないうちに、新しく出た同じような本を買ってしまうということを繰り返していました。

そこで現在は2ヶ月に一度くらい、本棚とダンボールに保管してある本を整理するようにしています。

整理のときに、不必要な本を捨てると気分もすっきりとしますし、自分が持っている本を思い出すので、同じような本をうっかり買ってしまうことがなくなりました。

ショッピングは楽しいので、ついたくさんのものを買いたくなってしまいます。

だから時々そうじをすることによって、自分が持っているものを見つめ直すことが必要なのです。

ちなみに、そうじはお金の無駄遣いを減らすだけではなく、**時間の無駄遣いも減らすことができます。**

部屋が散らかっているとモノを探すのに時間がかかってしまいます。また、勉強や仕事をしようと思っても、つい机の上にある雑誌などを読んで時間を無駄に使ってしまいます。

そこで、私は仕事が一段落ついた時点で部屋をそうじすることによって、頭の中を整理して集中力を高めています。


さらに、そうじはダイエットにも効果があります。

お風呂に入っているときに床やバスタブをそうじすると、結構汗をかきますし、気分もすっきりとします。

また、いつも過ごす部屋の床やテーブルを「ぞうきんがけ」することは、いい運動にもなりますし、きれいになることによって空間のエネルギーも高まります。


私自身、そうじにはこのような素晴らしい効果があると感じています。

そうじの効果をもっと知りたい方は、次の2冊がおすすめです。

『夢をかなえる「そうじ力」』（舛田光洋著／総合法令出版）
『「そうじ力」であなたが輝く！』（舛田光洋著／総合法令出版）

ステップ3　お金を増やす方法を考える

ここまでで、「ステップ1　大きな視点からお金を管理する」と、「ステップ2　無駄なお金を使わない習慣を作る」について説明してきました。

そこで、最後はお金を増やす方法について考えてみたいと思います。

お金を増やすためには投資が必要ですが、私は大部分の方にとっては株式などに投資するよりは、**自分のキャリアに対して時間とお金を投資したほうが確実なリターンを得ることができる**と思っています。

自己投資に成功すると、毎年安定的な収入を得ることができます。

『日経WOMAN』2009年4月号によると、女性の経理の年収は450万円から700万円（リーダークラスの場合）とのことです。

このように、キャリアアップによってリーダークラスになることができれば、十分な収入を得ることができます。


キャリアアップと聞くと、すぐに資格が必要だと感じてしまうかもしれませんが、特別な場合を除いて資格を取ったらすぐに給料が上がるわけではありません。また、資格を取るためにはお金と時間が必要です。

そのため、最初にどうすればキャリアアップできるかという道筋を考えてから、必要に応じて資格を取ることが大切です。


キャリアアップのカギは、**戦略、段取り、実行**の3つです。

戦略とは、「どの仕事でキャリアアップをするのが良いか」を考えることです。例えば、「経理リーダーになって給料を上げよう」と決めることです。

段取りとは、戦略を実現するための「具体的な道筋」を作ることです。

例えば、経理リーダーになるためのスキルを身につけるために専門学校に通う、ビジネス書を読むなどという方法が考えられます。

段取りが決まったら、次は実行です。

専門学校に通うことなどにより必要なスキルを身につけながら、同じ会社の中で経理リーダーになるための道を探すか、それが難しい場合は転職によって経理リーダーの職を探すという行動にでます。

それでは次は、キャリアアップを実現するための方法として、「同じ会社でキャリアアップ」「転職でキャリアアップ」「短い時間で資格を取る方法」という、３つの視点からお話ししたいと思います。

1．同じ会社でキャリアアップ

会社の中でキャリアアップするために大切なことは、「あの人は仕事のできる人だ」

と思われることです。

そのための近道は、頼まれた仕事からチャンスをつかむことです。

例えばコピー取りというような単純な作業でも、工夫をすればキャリアアップにつなげることができます。

新人の頃の仕事はコピー取りのような雑用が多いと思いますが、これは会計士も同じで、私も会計事務所に入った頃は来る日も来る日もコピーを取っていました。

私の場合は次の2つのことを気をつけることによって、コピー取りという単純な作業をキャリアアップにつなげることができました。

①頼まれごとを優先した

上司から「コピーを取ってきて」と言われたら、できるだけ早くコピーを取るようにしました。

その理由は単純で、「まだ、コピー取ってないの」と上司に怒られるのが嫌だったからです。

　そのような姿勢でコピーを取っていたところ、上司から次のように言われました。

「君のコピーは早くて正確だよね。僕は、どれだけ雑用が上手くできるかによって新入社員を評価している。雑用もきちんとできない社員には、重要な仕事はまかせられないからね」

　その後この上司から高く評価していただき、いろいろな仕事を任されるようになりました。

②コピーを取りながら仕事の段取りを考えていた

　明日行われる会議の議事録のコピーをまかされたとします。

　そのようなときには、私は議事録を読みながら、「明日の会議ではどのような発言をすれば良いか」と作戦を練っていました。

　会議でいきなり意見を求められたときに当を得た発言するのは難しいですが、1日前から考えていれば、新入社員としてはレベルの高い発言をすることができます。

他にも得意先に提出するプレゼン資料などを見ながら、「仕事の流れはこうなっているのか」というイメージをつかんだりしていました。

仕事ができるということは、目の前の仕事を工夫することによって、他の人よりも大きな成果を出せるようにすることです。

あなたも日々の仕事を振り返りながら、より成果を上げられる方法を考えてみてはいかがでしょうか？

2. 転職でキャリアアップ

会社のシステムによっては、「できる人」と思われてもキャリアアップが難しい場合もあります。また、がんばって勉強をしているうちに、別の仕事につきたいと思うこともあるかもしれません。

その場合には転職という選択を考える必要があります。

まず、転職先の探し方としてはインターネットを使って、気になる会社のホームページの採用情報をかたっぱしから調べるのが良いでしょう。

採用情報のページには、その会社で働いている人のインタビューなどものっている場合があります。将来の自分の姿をイメージしながら、「この会社で働けたら楽しいだろうな」とイメージできる会社を見つけてください。


この会社なら良いなと思える会社を見つけたら、次はその会社のホームページをじっくりと読みながら、その会社がどのようなビジネスを行っているかをしっかりと理解する必要があります。

転職活動を成功させるためには、面接のときに自分がその会社でしっかりと仕事ができることをアピールしなければなりません。


問題はどのように自分の経験をアピールするかですが、面接を受けている会社のビジネスと自分の経験を上手く結びつけて説明するのが効果的です。

転職先のビジネスを理解すればするほど、自分の経験をアピールしやすくなると思います。さらに、その会社のことをしっかりと調べてきたという熱意が面接官に伝わり、印象も良くなります。

あなたの実力を最大限に発揮するために、しっかりと会社研究をすることをおすすめします。

ちなみに、同じ会社でも転職の難しさは時期によって全然違うようで、ある人事担当者は次のような話をしてくれました。

「仕事がたくさんあって猫の手も借りたいようなときは、面接に来た人を10人中9人くらい採用するけど、人手が足りているときには面接に来ても、本当に優秀な人を10人に1人くらい採用するかどうかだね。いつもホームページに採用情報は出ているけど、人手が足りているときと、足りていないときでは入りやすさは全然違うね」

私の友人でも数多くの面接を受けて、好きな企業で好きな仕事をしている人がいます。

多くの会社のホームページを見ながら、自分が本当に輝ける場所を探してみるのも良いのではないでしょうか。

3. 短い時間で資格を取るコツ

資格試験の勉強を始めるときには、「どの専門学校に行くのが良いのか」、「どの参考書を買えば良いのか」というような、いろいろと迷うことがあると思います。

私は会計士や簿記などの資格試験の勉強をしているときに、どうやったら短い時間で資格を取れるかという研究をしたところ、次の3つのことに気をつけるのが一番効果的だということが分かりました。

①成績の良い友人を持つ

専門学校で勉強していると、自然といくつかのグループができてしまいます。

そのときに感じたことは、成績の良いグループに属している人は、かなりの確率で試験に合格するということでした。

人は自分にとって身近な人の影響を大きく受けます。専門学校の先生から「1日3時間勉強して下さい」と言われても、「1日3時間も勉強するのは大変だな」と感じると思います。

しかし、仲の良い友人から「1日3時間は勉強しているよ」と言われたら、「1日3時間は勉強しないと、やばいかもしれない」と、勉強する気になるのではないでしょうか?

ちなみに、どのようにして成績の良い人と友達になるかですが、私は次のような方法で友達になりました。

専門学校では模試などが終わると、成績優秀者の名前が張り出されると思います。その名前を覚えておいて、教室で席が隣になったときに「この前、簿記のテストで1番だった○○さんですよね。すごいですねえ」というような話をきっかけとして、何人かの方と友達になりました。

②過去問をやる

私は大学生のときに、簿記2級の試験を受けました。試験の1ヶ月前から簿記の勉強を始めて、残り1週間になった時点で過去問を解くことにしました。

初めて過去問を解いたときは、100点満点で40点しか取れませんでした。簿記2級の合格点は70点です。あと1週間で30点も上げることができるのかと焦ってしまいました。

残りの1週間で過去7年分の問題について、間違えた部分を中心に繰り返し解いたところ、無事簿記2級の試験に合格することができました。

そのときに感じたことは、たとえ頭の中で分かっていたとしても、制限時間内に問題を解くのは難しいということでした。

制限時間内に問題を解く能力は、過去問を何度も繰り返して解くことによって短期間でレベルアップさせることができます。

③間違いノートを作る

専門学校でのミニテストや模擬試験を受けていると、「いつも同じところを間違ってしまうなあ」と感じることはありませんか。

私はいつも同じような間違いをして、「こんな同じような間違いをして、試験に受かるのかなあ」と不安を感じてしまいました。

資格試験は時間との戦いです。頭の中では分かっていても、残り時間が少なくなると焦ってしまい、つい同じようなミスを繰り返してしまいます。

私はこのようなミスを防ぐために、模試で間違ったところをピックアップした「間違いノート」を作って、何度も見直していました。

効率的に勉強するために大切なことは、模試の成績などを参考にしながら自分がどの部分が得意で、どの部分が不得意かをしっかりと把握することです。

そして、得意分野と不得意分野では勉強方法を変えることによって、総合力を高めることが合格への近道となります。

攻めの投資と守りの会計

私はお金を増やすためには、「攻めの投資」と「守りの会計」のバランスを取ることが大切だと思っています。

「投資」とは、自己投資や株式投資などで**お金を増やすことを目的として、お金を使うこと**です。

また、ここでいう「会計」とは**お金の流れを把握し、無駄遣いをしないこと**だと考えて下さい。

お金の話というと、株式投資などでお金を増やすことばかり注目されますが、私は次の順番で考えていくのが一番確実にお金を増やすことができると思っています。

1. お金の流れを整理する
2. 自己投資で収入を増やす
3. 株式投資などでお金を増やす

そこで3章では、「ステップ1 大きな視点からお金の流れを管理する」、「ステップ2 無駄なお金を使わない習慣を作る」、「ステップ3 お金を増やす方法を考える」の順番で説明してきました。

最初にお金の流れの管理方法などを説明したのは、お金を手元に残すためには、**稼ぎ方よりも使い方が重要**だからです。

いくら多くのお金を稼いだとしても、計画も立てずにお金をどんどん使ってしまったら、お金が手元に残ることはありません。

そして、自己投資を行い、ある程度収入が増えてから株式投資などでお金を増やすことを考えるのが良いと思います。

本書ではページ数の都合などにより、株式投資などの金融商品の説明はしませんでした。

株式投資などのコツを知りたい方は、マネー誌などでコラムを連載されている内藤忍さんの著書がおすすめです。内藤忍さんは「SHINOBY'S WORLD」というブログを書かれていますので、よろしかったらご覧になって下さい。

SHINOBY'S WORLD　http://www.shinoby.net/

ダイエットでは食生活を改善することが最も効果的なように、お金を貯めるためには**無駄遣いしない仕組みを作り上げながら、少しずつお金を増やしていくこと**が大切です。

その仕組みは、お金を増やすための行動である投資と、お金を守るための会計をバランス良く組み合わせることによって作り上げることができます。

コラム③　夢を叶えるお金のセンス

みなさまの中には、グラフィックデザイナーやヘアメイク、ネイリスト……などで独立したいという夢を持っている方もいらっしゃると思います。

夢を現実にするためには、仕事のセンスだけではなく、お金のセンスも必要になります。私は本を書きたいという夢を持って独立しましたので、そのときのことをお話ししたいと思います。

私は会計士としての仕事をしていく中で、「望月さん、仕事に使える会計が身に付くような本を紹介してもらえませんか」という質問を何度も受けました。

紹介できるような本を思いつかなくて困っていたところ、ある方から「望月さんの説明は分かりやすいから、望月さんが書けばいいいじゃないですか」と言われました。確かに会計の入門書と専門書はたくさんありましたが、その中間に位置するような日々の仕事に使える会計を学べる本はあまりありませんでした。

そのような状況でしたので、私が普段ビジネスマンの方に教えているような内容の本を書いたら、多くの人に喜んでもらえるのではないかと感じました。

ただ、問題は本を書く時間がなかったことです。

当時は会計事務所で正社員として働いていましたので、毎日夜遅くまで仕事をするだけではなく、週末もたまっている仕事を片付けるためによく出勤していました。

なんとか時間を見つけて原稿を書こうとしたのですが、どうしても時間を作ることができなかったので、独立することにしました。

私は「独立するために必要なお金のセンス」とは、次の2つだと思っています。

1．収入の見通しを立てる

2．本当に必要なものだけにお金を使う

独立してすぐは、どうしても収入が不安定になりますので、独立する前に少しでも良いので安定的な収入の見通しを立てる必要があります。

私は独立した後もしばらくの間は、それまでに正社員として働いた事務所とプロジェクト単位で契約することによって、一定の収入を確保することができました。

もちろん事務所の大部分は正社員で、プロジェクト単位で契約している人はごく一部でしたので、このような契約を認めてもらうのには結構時間がかかりました。3ヶ月ほど交渉した結果、私がチームリーダーとなっているいくつかのプロジェクトだけは、急に辞められるよりは、1~2年は引き継いで仕事をした方が事務所としてもメリットがあるということで、このような働き方を認めていただきました。

もう一つ大切なことは、本当に必要なものだけにお金を使うことです。

独立した当初は自宅兼事務所でしたし、現在でも安い事務所を借りています。もちろんもっと良い事務所を借りたいという気持ちはあるのですが、執筆などの自宅で行う仕事も多いので、今の自分には必要ないと感じています。

その一方で必要なところには、きちんとお金をかけています。

はじめて本を出版したときには、新人の著者では書店の良い場所には並べてもらえないだろうと思いましたので、メルマガやインターネットなどに自分のお金で広告を出しました。1冊目の本が順調に売れたこともあり、いろいろな出版社から声を掛けていただき、現在までに7冊の本を書いています。

ちなみに私は独立してから、1冊目の本を出版するまでに4年かかりました。

夢をかなえるためには、もちろんその仕事についてのセンスが必要ですが、それと同じくらいチャンスをつかむまで待ち続ける根気とお金のセンスが大切です。

4章　幸せな未来を創るコミュニケーション術

幸せに生きていくために一番大切なこと

幸せに生きていくために、一番大切なことはなんでしょうか？

私は**コミュニケーション**だと思います。コミュニケーションが上手くいけば、家族や友人、恋人と楽しい時間を過ごすことができます。

また、トラブルはちょっとしたすれ違いから起こることが多いので、コミュニケーションが上手くなるとトラブルにも巻き込まれにくくなります。

さらに、コミュニケーション能力を高めることができれば、キャリアアップにもつながり収入も増えます。

仕事のできる人は、メールや電話で相談すると、すぐに簡潔で当を得た返事が返ってきます。すぐに返事をするということは、コミュニケーションを大切にしているからだと思います。

私はコミュニケーションで大切なことは、**「相手と自分を受け入れること」**だと考えています。

たくさんの人を受け入れれば受け入れるほど、自分の中の引き出しが増えて世界が広がっていきます。

そして、自分を受け入れることができれば、自分を好きになって理想とする未来に向かって歩き出すことができます。

私は小さい頃から、どうしたら人と仲良くなれるかを考えてきました。

そして社会人になってからも、どのような人がコミュニケーションが上手いのか、どうすれば自分の夢に向かってまっすぐに進んでいけるのかを考えていたところ、いくつかのことに気づきました。

「なんで優秀な人は、**人をほめることが多い**んだろう」
「引き寄せの法則ではなく、**引き寄せられの法則**では？」
「**話が上手くなくても、コミュニケーションが上手い**人はたくさんいるんだなあ」

コミュニケーションが上手くなると、良い出会いを増やすことができますし、出会いをきっかけとして、新しい世界を広げることもできます。

また、人づき合いのストレスが減るだけではなく、多くの人と幸せな人間関係を築くことができます。

コミュニケーションは出会いから始まり、幸せに向かって進んでいきます。

そこで4章では、幸せになるためのコミュニケーションのコツをお話しします。

出会いはタイミング

どうしたら、自分の未来を変えるような「出会い」と、めぐり会えるのでしょうか？

私は出会いの数を増やすよりも、**出会った後が大切**だと感じています。

本書の編集者のKさんは、2007年1月の出版セミナーの後に開かれた懇親会で、たまたま私の隣の席に座りました。

ただ、その頃の私は『会計のトリセツ』という会計と簿記の入門書を出したばかりで、自己啓発書を得意とするKさんとは、あまり話が合わないかなと感じました。

そこで、私の隣に座っていた女性がKさんと話をしたそうだったので、その女性と席を代わりました。しばらくして、その女性が席を立ったので、私の方からKさんに、「日本実業出版社から『会計のトリセツ』という本を出した、望月です」と挨拶したところ、次のような会話がはじまりました。

「日本実業出版社と言えば、Nさんという仲の良い編集者がいます。Nさんをご存じですか？」

「ええ、Nさんを知っていますよ。私の本の担当編集者ではないですが、毎月1回開かれる著者と編集者の勉強会でよくお会いします」

「へー、そんな勉強会があるんですか。Nさんから聞いたことないなあ」

「あ、興味ありますか。もしよろしかったら、次回の勉強会に参加されますか？」

「とても興味があります。ぜひ、連れてって下さい」

その後、この勉強会で何度かお会いしたのですが、とくに本を書こうという話にはなりませんでした。

それから1年後の2008年1月の勉強会のあとの懇親会で、Kさんとお会いしたときに、次のような話しになりました。


「Kさん、女性向けの数字の本ってどう思いますか？」

「どんな内容ですか？」

「数字を使って、ダイエットに成功し、お金が貯まり、時間の使い方も上手くなるというものです」

「へー、面白そうですね」

「じゃあ、企画書を作ったら読んでもらえますか？」

「ええ、楽しみに待っています」


その後すぐに企画書を作ろうと思ったのですが、忙しかったこともあり、時間だけがどんどん過ぎてしまいました。

その後、35ページでお話ししたように悪女学研究所のセミナーにKさんをお誘いしたことによって、本書を出版することとなりました。

2008年の11月にKさんと出版の打ち合わせをしたときに、「望月さん、人が幸せを感じるのは、時間、お金、健康（ダイエット）、人間関係のバランスが上手く取れているときだと思います。だから、本書の中に人間関係が上手くいくようなコミュニケーションの話も入れて下さい」と言われました。

そこで、セミナーでは話さなかったコミュニケーションについて、4章でお話しすることになりました。

私が出会いで心がけているのは、**無理をしない**ということです。

自分が生かせそうもないチャンスは、欲張らないで他人にゆずることにしています。

出会った人の中から良い関係を築けそうな人と、ゆっくりとつき合っていくのが幸せへの近道ではないでしょうか。

引き寄せられの法則

世の中では「引き寄せの法則」が流行っています。

私は、「引き寄せの法則」よりも**「引き寄せられの法則」**の方が大きなパワーを持っていると思います。なぜなら、「引き寄せの法則」では、現在の自分にふさわしいものしか引き寄せられません。一方、「引き寄せられの法則」なら、**理想とする未来を引き寄せる**ことができるからです。

ちなみに、「引き寄せられの法則」とは、**自分から夢をかなえている人に近づいていくことによって、自分も同じように夢をかなえる**という法則です。

そこで、私がどのように「引き寄せられの法則」を使っているかをお話しします。

私は独立する前、『さおだけ屋はなぜ潰れないのか？』（光文社）で有名な山田真哉さんと同じ会計事務所に勤めていました。

私が本を書きたいなと思っていたときに、会計事務所の社内報で「〇〇部の山田真哉さんが、『女子大生会計士の事件簿』（英治出版）という本を出版しました」と紹介されました。

ちょうど私はその本を読んでいましたので、社内メールで山田さんに「『女子大生会計士の事件簿』、面白かったです」という内容のメールを送りました。

そうしたら、山田さんから「事務所の方から、このような形で感想のメールをもらったのは、はじめてです。ありがとうございます」というメールが返ってきました。

山田さんと部署は違ったのですが、共通の友人がいたことなどにより、それからしばらくしていろいろな話をするようになりました。

私が山田さんを見てすごいなと感じたのは、いろいろと工夫しながらやるべきことに向かって妥協なく進んでいく姿勢です。

山田さんは、『もえビジ』（角川グループパブリッシング）という本の出版PRのため、サイコロによって行き先を決めた書店にアポなしで営業するという、「本屋でどうでしょう」という企画を行いました。

その企画は後ほど動画で公開する予定でしたので、私もカメラ係などのサポートスタッフとして、一緒に書店を回りました。

いくつかの書店を回ったところ、山田さんの本がたくさん置いてある書店では歓迎されました。しかし、山田さんの本があまり置かれていない書店では、あまり歓迎されませんでした。

見ていてすごいなと感じたのは、歓迎されてない書店でも一生懸命営業をしていたところです。

もし私が山田さんの立場だったら、歓迎されている書店では同じように営業ができたと思いますが、歓迎されてない書店ではすぐにあきらめてしまったと思います。

どんな世界でも結果を出すためには、人よりもがんばらなければならないと思いますし、**がんばっている人と一緒にいると、「自分も同じくらいがんばらなければ」と、より良い未来へと引き寄せられていきます**。

私は、山田さんと出会ってから3年くらいで本を出版することができました。本を出版することができたのは、山田さんをはじめ何人かの著者の方と知り合うことによって、夢を現実というレベルに落とすことができたからだと思います。

言葉を変えれば、出版という世界に引き寄せられたのだと思います。

ちなみに、「本屋でどうでしょう」は、山田さんのブログからご覧になれます。

『さおだけ屋はなぜ潰れないのか?』100万部?日記
http://plaza.rakuten.co.jp/kaikeishi/

話し上手よりも聞き上手

私は昔から話すことがあまり得意ではなく、人前で堂々と話せる人に憧れていました。みなさまの中にも「人前で話すことは苦手だな」と感じている方がいらっしゃると思います。

しかし、話し下手でも心配する必要はありません。

話し下手な人は、**聞き上手**になる素質があるからです。

「話を聞いて良かった」と思うのは、〝楽しい話〟を聞いたときか、〝自分が聞きたいと思っている話〟を聞いたときのどちらかです。

だから、話し上手の人は楽しい話をすれば良いでしょうし、聞き上手の人は相手が聞きたい話をすれば良いと思います。

私は話し上手ではありませんので、聞き上手になって相手の話をよく聞いた後に、相手が求めている話ができるように心がけています。


また、ほとんどの人は自分の話を聞いて欲しいと思っていますので、自分の話を楽しそうに聞いてくれる人を好きになります。

そのため、聞き上手になると自然と友達が増えますし、頼りにされることも多くなるため、いろいろな縁を引き寄せることができます。


聞き上手になるために大切なことは、最初に相手を受け入れることです。

もっと具体的に言うと、相手の話に共感しながら相手の良いところを探し、その部分をほめることです。

あなたも、気づかなかった自分の魅力を教えてくれた人のことを好きになりますよね。

もう一つ、人の話を聞くときに気をつけなければならないことがあります。

それは、**言いたいことは、相手の話を十分に聞いてから言う**ということです。

人から相談を受けたときは、相手の話を聞けば聞くほど相手の悩みを理解することができ、的確なアドバイスをすることができます。

また、話を聞いてくれた人に対しては好意を持つので、こちらが話したアドバイスを受け入れやすくなります。


私も会計士としての仕事がら、多くの人と話す機会があるのですが、上手くしゃべれるかどうかは、そんな大きな問題ではないと、感じるようになりました。

上手くしゃべれるかどうかよりも、**相手を思いやれるかどうか**のほうが幸せなコミュニケーションにとって大切だと感じています。

伝え方を工夫する

聞き上手になることはとても大切なことです。

そして、話をするときには、相手の話を聞くだけではなく、**自分が伝えたいと思っていることを、分かりやすく伝える**必要があります。

私は社会人になったばかりの頃は、上手く伝えることができずに失敗ばかりでした。

そこで、いろいろな工夫をしたところ、次の２つのことに気をつけるだけで大部分の失敗を防ぐことができることに気づきました。

1．話す前にメモを作る

お客様への電話や、会議での発言が難しいのは、短い時間の中で自分の意見を整理して話さなければならないからです。

言いたいことはいろいろあるのですが、緊張すると頭の中が混乱してしまい、言葉が上手く口から出てきません。

そこで私は、電話や会議の前には、**話す内容についてメモを作る**ことにしました。

例えば、3つのことを話さなければならないときは、どの順番で説明するのが一番分かりやすいかと考えながらメモを作り、そのメモを見ながら話すようにしました。

メモを見ながら話すと安心しますし、話し忘れるということもなくなりますので、だいぶ失敗を減らすことができました。

2. 客観的に話す

人をほめるときは感じたことを素直に話すほうが良いと思いますが、注意をするときは**少し距離を起きながら客観的に話すほう**が良いと思います。

例えば、私の話を聞いて早口で聞き取りにくいなと感じたとします。

そのときに「望月さん。早口で聞き取りにくかったので直して下さい」とストレートに言われてしまうと、私としても「気をつけてはいるのですが、なかなか直らなくて……」としか言いようがなく、困ってしまいます。

同じ事を伝える場合にも、「望月さん、話のペースが少し速かったと思います。文章と文章の間の『。』の部分で、『いち、に』と数えてから話をすると、もっと上手く伝えられると思いますよ」と言われたほうが、アドバイスを受け取りやすくなります。

相手のためを思って注意をすることは、とても大切なことだと思いますが、普段から気にしていることを注意されると、アドバイスを受け取る前に心が抵抗してしまいますよね。

だから、できるだけ心を刺激しないように、**少し距離を起きながら客観的な表現で話す**のが良いと感じています。

自分とのコミュニケーション

相手を受け入れることができれば、その人と上手くやっていくことができます。同じように自分を受け入れることができれば、自分と上手くやっていくことができます。とはいえ、そのままの自分を受け入れるというのは、とても難しいことだと感じています。

人は誰でも苦手なことがあります。私の場合は、知らない人や大勢の人の前で話すのは苦手です。

人によっては、「何をやっても〝3日ぼうず〟で終わってしまう」、「太っている」などというような、気になっていることがあると、その部分が心にひっかかり「どうしても自分を好きになれない」と感じることがあると思います。

その場合、苦手なことに正面から取り組むのではなく、**少し視点を変えてみる**のはいかがでしょうか。


私の場合は話をすることは苦手ですが、人の話を聞くのは得意です。

自分から楽しい話ができなくても、相手の話を楽しそうに聞くことによって喜ばれることも多いです。また、話をすることが苦手だったため文章の練習をしたところ、本を出版することもできました。

もし、私が話すことが得意だったら、別の人生を歩んでいたと思いますが、このように出版を通じて、みなさまとお会いすることはなかったかもしれません。


そうやって考えると、長所と短所は裏返しになっていますし、**苦手なことは一つの個性**だと思います。

誰にでも苦手なことはありますので、できないことは悪いことではありません。人生で大切なことは、自分が得意なことと苦手なことをしっかりと理解して、**得意なこ**

とで勝負できるように環境を整えることだと思います。

視点を変えることによって現在の自分を受け入れることができたら、次は未来の自分とコミュニケーションする必要があります。

未来の自分とのコミュニケーションというのは、理想の自分をイメージして、それが実現するように行動していくことです。

私自身、心の中ではもっと上手く話ができたらなと思っています。

そのため、ボイストレーニングをしたり、講演の内容を録音して聞き返したりしながら、どうすれば上手く話すことができるかを研究しています。まだ、決して上手いとは言えませんが、昔の自分よりは上手くなったと感じています。

現時点で上手くいかなかったとしても、少しずつ上手くなっているという感覚があれば、少しずつ苦手意識が消えていくのではないでしょうか。

未来の自分とコミュニケーションを取るために大切なことは、**理想の自分にたどり**

着けるような道筋を作ることです。

私は、やせるという理想を達成するために、数字を見ながら色々と試行錯誤を繰り返しました。

自分を好きになるためには、日々の自分を振り返りながら、**どうすれば上手くいくかを考える習慣を作る**ことが、一番大切だと感じています。

人をほめると、自分が成長する

人と仲良くしていくために大切なことは、相手の良いところを見つけ出して、ほめるという習慣をつけることです。

私は、ほめることには次の４つのメリットがあると思います。

1. 相手を幸せにできる
2. 相手が成長する
3. 自分が幸せになる
4. 自分が成長できる

人はほめられると嬉しくなりますし、もっとがんばろうと思いますので、ほめた相手を成長させることができます。

また、相手が嬉しそうにしている姿を見ていると、良いところを見つけて良かったなと、ほめた人も幸せになることができます。

ここまでは問題ないと思いますが、「なぜ、相手をほめると自分が成長できるんだろう?」と不思議に感じた方もいらっしゃると思います。

実は、**「人をほめると、自分が成長する」**というのは、私が最近気づいたことなのです。

私は本を出版したときには、親しい友人にプレゼントしています。

そうすると友人から、お礼と共に「勉強になりました」「この本を読んで、勉強させていただきます」というような言葉がよく返ってきます。

私が書いている本は会計の入門書が多いので、会計士の友人であれば、内容についてはほとんど知っているはずです。

それなのに何を勉強したのかなと不思議に感じていたのですが、あるときふと気づきました。

私の友人は、本の内容の99%は知っていたのかもしれません。

ただ、私の本を読んで「こういう視点もあるのか」とか「この部分の説明は、とても上手いな」とか、私の本の中から良い部分を見つけ出しているのだと思います。

そして、その**良い部分を吸収することによって、彼はますます優秀になっていく**のでしょう。

注意して回りを見ていると、ベストセラー作家や独立して実績を上げている優秀な人は、他人の良いところを見つけるのが上手いような気がします。

人には良い点と、悪い点があります。

他人の悪い点に注目するよりも、**良い点に注目して相手を幸せにしながら自分も一緒に成長する**ことが大切だと思います。

できる人は、できない人

「あれもこれもできなければならない」

と考えて、すべてのことをがんばろうとすると疲れてしまいます。

人には得意、不得意がありますので、すべてのことができる必要はありません。

私は外資系会計事務所に勤めていたにも関わらず、英語が苦手でした。

私は外資系会計事務所から社会人生活をスタートさせました。

社会人になったばかりの頃は英語を一生懸命勉強して、将来は海外で働くのもいいかなと、ばくぜんと考えていました。

結局、5年ほど外資にいたのですが、身に付いたのは英語ではなく、分かりやすい文章を書く技術でした。

会計士の仕事の中には、決算書などを分析しながら会社の問題点を見つけ、その改善点を提案書にまとめるという仕事があります。

そのときに難しいのは、見つけた問題点をどのような表現でお客様に伝えるかです。人は問題点をストレートに指摘されると、「〇〇という理由があるから、その問題は解決できない」というように、どうしても最初に心が抵抗してしまいます。

そこで、過去の提案書を見返しながら、**どのように表現すれば相手が受け入れやすいか**を研究したところ、次のようなパターンが一番良いと感じました。

①最初にどのような調査を行ったかを記載する
「×月×日に〇〇事業所にお伺いして、××という調査を行いました」

②見つけた問題点を記載する

「××という調査を行ったところ、◯◯という問題点がありました。これは××という理由により発生したとお伺いしています」

③改善点を提案する

「御社の現在の業務の流れから考えると、業務量が増大すると◯◯という問題点が発生します。これは××というように業務の流れを変えると防ぐことができる可能性が高いため、そのように改善することをおすすめします」

文章の特徴を一言でいうと、**「どうすれば相手の心を刺激することなく、問題点を正確に伝えることができるか」**ということを、第一に考えた文章です。

できるだけ頭の中でイメージがわくような表現を心がけ、論理的に鋭く書くというよりは、相手の心の中にすーっと入っていくような、バランスの良い文章が求められました。

とはいえ、そのようなバランスの良い文章は簡単に書くことはできません。

先輩が過去に書いた提案書を見せてもらいながら、「どのように表現すれば良いのか」、「どのような流れで話を持っていくのが一番ストレスがないか」というような点に気をつけながら何度も何度も書き直しました。


毎日遅くまで仕事をしていたことに加えて文章の練習に時間を使ったため、英語の勉強はおろそかになってしまいました。

しかし、しっかりとした提案書が書けるというのが私の強みになりました。

使えるお金と時間には限りがありますので、**「できないことはできない」と割り切りながら、自分の長所を伸ばすことに時間を使う**のが効果的な戦略だと思います。

黒船コミュニケーション術

私の友人にウジトモコさんという、デザイナーがいます。ウジさんは自分でどうしても「できない」と思ったことは、さっさとあきらめてしまうそうです。

とはいえ、ただあきらめるのではありません。

自分ひとりの力で「できない」ことは、そのことを「できる」人を探し出して「思い切って、アタックしてみる」というのです。

ウジさんは『視覚マーケティングのススメ』（明日香出版）という本を書いていますが、その本の中で「デザイン投資をするとなぜ会社が儲かるのか」という部分の説明に苦しんでいました。

ウジさんはデザイナーですので、経営のことを専門的に説明するのは難しかったのでしょう。

そのため私のところに、次のようなメールが届きました。

「望月さん、今、本を書いているのですが『デザイン投資をするとなぜ会社が儲かるのか』という部分が上手く説明できなくて困っています。お忙しいところ、大変申し訳ありませんが、お力を貸していただけないでしょうか」

そこでウジさんに原稿を送っていただき、喫茶店で打ち合わせをすることにしました。

デザイン投資がなぜ儲かるのかについて一通り説明したところ、「望月さん、ありがとうございます。これ、『黒船』というお店のカステラです。本当につまらないものですが、もしよかったら、お召し上がり下さい」と、カステラをいただきました。

ちなみに、デザイナーの世界では「良いデザイナーになりたければ、食べるものと着るものに気をつかえ」と言われていて、アシスタントで収入の少ない時代からお洒落や美味しいものを食べるために創意工夫をするそうです。

いただいたカステラは、ふわふわしていてたまごの味がするちょっと個性的だけど、とても美味しいものでしたので、良いセンスをしているなと感じました。

だれにでも得意なことと、不得意なことがあり、ひとりでできることは限られています。デザイナーのウジさんが一生懸命調べて経営のことを書くよりも、会計士である私に聞いた方が早くて正確です。

苦手なことは得意な人にお願いして、助けてもらったら感謝の気持ちをきちんと表すことが大切です。

自分ひとりでは解けない問題も、みんなで力をあわせれば答えにたどり着くことができます。

そして、助けてくれた人に感謝の気持ちを表すときには、その人らしさがでるような、ちょっとしたプレゼントをするというのは、なかなか素敵だなと思います。

人が人をつないでいく

私が初めての本を出版したときに、山田真哉さんからタイトルなどのアドバイスをいただきました。

私が出版したときに、いろいろと応援してもらったので、何かの形でお返しをしたいと思っていたところ、意外な形でお返しをすることができました。

私の友人にチャンスコーディネーターの秋田英澪子さんがいます。先日あるパーティーで秋田さんとお会いしたときに、

「望月さん、『出会う！　技術』（あさ出版）という本を書いている、小田真嘉さんをご存じですか？」

「お名前は聞いたことがありますが、お会いしたことはないです」

「小田さんは、望月さんとは全く異なるジャンルで活躍している方ですが、お互い触発されて面白い化学反応が起きるかもしれませんので、紹介します！」

という会話をしてからしばらくして、パーティー会場にいた小田さんを見つけ出して紹介してくださいました。しばらく話をしていくうちに小田さんと仲良くなったので、ミクシィでマイミクになりました。


小田さんのマイミクの中に『会計のことが面白いほどわかる本』（中経出版）の著者である天野敦之さんがいました。

ちょうど、私もその本を読んでいました。そこで、次のようなメールを送りました。

「『会計のことが面白いほどわかる本』読ませていただきました。分かりやすくて良い本ですね」

このようなメッセージを送ったところ、天野さんから「一度お会いしませんか」というメッセージが返ってきました。

そこで、お互いのスケジュールを調整しながら、一緒に食事をすることにしました。

そのときに出版関係の勉強会のお話をしたところ、「面白そうだから、ぜひ参加させて下さい」とのことでしたので、次月の勉強会にお誘いしました。

その勉強会には山田真哉さんも参加しているのですが、天野さんと会えたことをとても喜んでいました。

山田さんは『世界一やさしい会計の本です』（日本実業出版社）を執筆したときに、天野さんの『会計のことが面白いほどわかる本』を参考にしたこともあり、天野さんのことをとても尊敬していました。

天野さんと嬉しそうに話している山田さんの姿を見ながら、お返しができて良かったなと感じました。

この勉強会が縁となって、天野さんは日本実業出版社から『君を幸せにする会社』というクマ太郎を主人公としたストーリーの本を出版しました。

ちなみに、この本の編集者は私の最初の本である『会計のトリセツ』を担当した編集者です。

私はいつも思うのですが、上手くいく出会いというのは、出会う前からお互いに相手を魂というレベルで求めあっているのだと思います。

そして、そのような出会いは、**人と人のつながりの中から生まれる**ことが多いような気がします。

身近な人を大切にする

私は幸せになるために一番大切なことは、身近な人を大切にすることだと思います。身近な人と言えば、友人や家族、両親などですが、特に両親を大切にすることが幸せになるための近道だと思います。

『鏡の法則』（総合法令出版）の著者である、野口嘉則さんとお話しをしたことがあります。

そのときに野口さんが「親を否定するということは自分のルーツを否定することにつながるため、自己否定的な人生を送ってしまう」と話されたことを、今でもはっきりと覚えています。

とはいえ、私は東京で働いており、両親は名古屋で暮らしているので、それほど頻繁に会うことはできません。できるだけ電話をしようと思ったのですが、私も夜遅くまで働いていたこともあり、なかなか電話をする機会をつかめませんでした。

そこで現在はスケジュール表の中に、「実家に電話」という項目を入れています。

例えば、忙しくて当初に予定していた水曜日に電話ができなければ、土曜日に移して電話をするようにしたところ、月3回くらいは電話できるようになりました。

一緒に暮らしていたときはあまり感じなかったのですが、離れて暮らすようになると親は子に会えることが、とても嬉しいようです。

そのように感じてからは、少しでも親とすごす時間を増やそうと思いました。

あなたも、できるだけ時間をやりくりして、両親や家族などの身近な人と過ごす時間を増やすことをおすすめします。

私は幸せな人間関係を築くために一番効果的なのは、たくさん「ありがとう」と言うことだと思っています。

私は妻に対して「今日も美味しいご飯を作ってくれて、ありがとう」とか、「洗濯物をたたんでくれて、ありがとう」というように、何かしてもらったことに対して、できるだけ「ありがとう」と言うことを心がけています。

世の中のしくみはどんどん複雑になっていくようですが、人間の心は昔からあまり変わっていません。**幸せとは、目に見えない、心のなかにある**ものです。

バランス良く世界を理解しながら、大切な人に「ありがとう」と言う習慣を作ることが、幸せへの一番の近道ではないでしょうか。

コラム④　最大の財産は健康と友人

私たちが生活していく上で、お金はとても大切なものです。

私はもちろんお金は大切な財産だと感じていますが、それよりも**健康と友人**の方が大切だと思っています。

例えば、苦労して1000万円貯めたとしても、体を壊して働けなくなってしまうと、あっという間になくなってしまいます。年間300万円の生活費が必要だと考えると、1000万円という貯金があったとしても、3年くらいで使い切ってしまいます。

また、夢に向かってがんばっていくためには大きなエネルギーを必要としますが、健康な肉体がなければ長期間エネルギーを出し続けるのは難しいと思います。

そこで2章では、癒しと食生活に気をつけることによって、健康という財産を増やすための方法を説明しました。

お金はあればあるほど安心だとは思いますが、人生のゴールはお金を貯めることではありません。人生のゴールは幸せになることです。

幸せになるためには友人や家族と楽しく過ごす時間がかかせません。そこで、その時間を作るために1章では時間の効率的な使い方を説明しました。

さらに、多くの友人を持つことは最大のリスクヘッジになります。

仕事を失うというようなトラブルに合ったときも、友人から良い仕事を紹介してもらえるかもしれませんし、仕事を紹介してもらえなかったとしても、「どこどこの会社が人を探しているらしいよ」というようなアドバイスをもらえることもあります。

一人では自分の世界を広げることは難しいと思いますが、多くの人と話をすると違う視点からものを見ることができるようになるため、自然に世界が広がっていきます。私も今までに多くの友人から影響を受けて、色々な世界を経験することができました。

最も心地よい人生とは、**お金、時間、健康（ダイエット）、人間関係のバランスが取れている状態**だと思います。

そこで5章では、ここまで説明してきた方法を使って、みなさまに理想の人生のデザインをしていただきたいと思います。

5章　理想の人生をデザインする

エクセルをつかって理想の人生をデザインする

1章で癒しの「タイムスケジュール」、2章で幸運を呼びこむ身体を作る「数字ダイエット」、3章で願いを叶える「キャッシュフロー表」の説明をしました。

そこで、5章では、1章から4章まででお話しした内容を振りかえりながら、エクセルを使って理想の人生をデザインしていただきたいと思います。

人生は長いので、最短距離で行く必要はありません。

例えば英語をマスターしたいのであれば、テキストをまじめに勉強するというのも一つの方法だと思いますが、好きな映画を英語字幕で見るというように、楽しみながら続けられる方法を考えることも大切だと思います。

人生には、**がんばる時間と癒し時間の両方が必要**です。

ダイエットや英語の勉強などの何かをがんばろうと思ったときは、数字を見て方向を間違わないようにしながら、できるだけ好きなことをする時間を増やして下さい。

それでは、エクセルを使って理想の人生をデザインする方法を、次の順番で説明していきます。

1. エクセルシートについて
2. 癒しの「タイムスケジュール」の作り方
3. 幸運を呼びこむ身体を作る「数字ダイエットシート」の作り方
4. 願いを叶える「キャッシュフロー表」の作り方

エクセルシートについて

本書では、エクセルを使ってタイムスケジュール、数字ダイエットシート、キャッシュフロー表を作成していきます。

私は普段からパソコンを使ってエクセルで記録していますが、パソコンが苦手な方は、同じ内容を紙に書いても問題ありません。

エクセルを使っても紙に書いても効果は同じですので、お好きな方法をお選びいただければと思います。

エクセルシートは、ご自分の状況に合わせて作っていただけば良いと思いますが、ご参考までに私が普段使っているエクセルシートを総合法令出版のホームページからダウンロードできるようにしました。
それでは、ダウンロード先などを説明させていただきます。

①ダウンロード先

ダウンロード先は総合法令出版のホームページ http://www.horei.com/ となります。以下のアドレスより、エクセルシートのダウンロードができます。

http://www.horei.com/book_978-4-86280-169-2.html

方法1……右記のアドレスを直接入力してください。
方法2……検索エンジンにて〝総合法令出版〟と検索してください。HPにある書籍検索にて『いいことが起こり続ける数字の習慣』と入力してください。

②エクセルシートについて

本エクセルシートはエクセル95よりも新しいバージョンで使用することができます。

③記録のコツ

私はお金を何に使ったかということはわりと覚えているのですが、何を食べたかはすぐに忘れてしまいます。

言いかえればお金が増えたり、減ったりすることは頭の中でイメージできるのですが、なぜ自分が太ったかはイメージできないので、太ったのだと思います。

食べたものやお金の流れを記録したものを振り返ることによって、**自分が何を食べて、どのようにお金を使ったかをイメージできるようになれば、だんだんとバランスが取れる**ようになってきます。

数字ダイエットシートへの記録方法には特に決まりはありませんが、毎日時間を決めて記録した方が続けやすいと思います。ちなみに私は、毎日寝る前にその日に食べたものを数字ダイエットシートに記録しています。

なお、私は数字ダイエットシートへの記録を2年以上続けていますが、一日も休まずに記録したわけではありません。たとえば、どうしても疲れた日やパソコンを開くのがめんどくさいときなどは、記録しませんでした。

エクセルシートを振り返ってみると、月に3日〜5日程度は記録が抜けています。記録することができない日があったとしても、「記録ができなかった」と自分をせめるのではなく、**「すぎてしまったことはしょうがない。今日から記録すればいいや」**と前向きにとらえることが、長続きする秘訣です。

完璧を目指すのではなく、自分のペースでゆっくりと続けて下さい。

癒しの「タイムスケジュール」の作り方

タイムスケジュールを作るときに大切なことは、**目標に向かってがんばる時間と、自分を癒す時間をバランス良くスケジュールに組み込んでいく**ことです。

もちろん私も忙しいときは仕事ばかりしていますが、一段落付いたところでできるだけ癒しの時間を取るようにしています。

私はスケジュール管理をするときは、**時間管理よりもモチベーション（やる気）管理の方が大切**だと感じています。

元気のある日はエネルギーの必要な仕事を片付ければ良いですし、疲れている日は楽なことをやれば良いと思います。今何をするのが最も効率的かを考えながら、少しずつでも前に進んでいくことが大切です。
それでは、もう一度タイムスケジュールの作成方法と、作成するときのコツについて説明していきます。

1．タイムスケジュールの作成方法

タイムスケジュールは次の3つのステップで作成していきます。

ステップ1　エクセルを使ってスケジュールを「見える化」する
ステップ2　スケジュールの消し込みを行う
ステップ3　スケジュールの見直しを行う

ステップ1　エクセルを使ってスケジュールを「見える化」する

10月10日から1週間の主なスケジュールを「見える化」すると、195ページの図1のようになります。エクセルでのスケジュール表の作り方は、その日にやりたいと思うことを優先順位が高い順番に書いていくだけです。

例えば10月10日であれば、一番やりたいことはセミナーの準備、それが終わったらボイストレーニングを行い、もし時間が残っていれば、雑誌執筆のための資料を集めようと思っていました。

ステップ2　スケジュールの消し込みを行う

次にスケジュールの管理方法ですが、一つひとつのスケジュールを終わらせた時点で色をつけて消し込んでいきます（195ページ図2）。

10月13日の時点では、予定したスケジュールをすべて終わらせることができましたので、図2のスケジュール表の約半分の色が変わっています。

このようにスケジュール表の中に色がついている部分が増えていくと、「あー、よくがんばったなあ」という気分になって、だんだん嬉しくなってきます。

ステップ3　スケジュールの見直しを行う

毎日いろいろなことが起こりますので、いつもスケジュール通りにいくとは限りま

■ 図1

10月10日	10月11日	10月12日	10月13日	10月14日	10月15日	10月16日
セミナー準備（決算書の読み方）	セミナー準備（営業）	旅行	旅行	原稿修正	本の片付け	CD を返す
セミナー準備（情報収集）	セミナー準備（決算書速読術）			○○さんにメール	エゴスキュー2	ジム
ボイストレーニング6	17 時○○さんと会う			新聞の片付け	クリーニング	部屋の片付け
雑誌執筆のための資料を集める				ボイストレーニング7	ツタヤ	

■ 図2

10月10日	10月11日	10月12日	10月13日	10月14日	10月15日	10月16日
セミナー準備（決算書の読み方）	セミナー準備（営業）	旅行	旅行	原稿修正	本の片付け	CD を返す
セミナー準備（情報収集）	セミナー準備（決算書速読術）			○○さんにメール	エゴスキュー2	ジム
ボイストレーニング6	17 時○○さんと会う			新聞の片付け	クリーニング	部屋の片付け
雑誌執筆のための資料を集める				ボイストレーニング7	ツタヤ	

↓ 終了した部分に色をつける

10月10日	10月11日	10月12日	10月13日	10月14日	10月15日	10月16日
セミナー準備（決算書の読み方）	セミナー準備（営業）	旅行	旅行	原稿修正	本の片付け	CD を返す
セミナー準備（情報収集）	セミナー準備（決算書速読術）			○○さんにメール	エゴスキュー2	ジム
ボイストレーニング6	17 時○○さんと会う			新聞の片付け	クリーニング	部屋の片付け
雑誌執筆のための資料を集める				ボイストレーニング7	ツタヤ	

せん。10月14日は朝から12月に出す単行本の原稿の修正を行っていましたが、夕方の時点で「これは、今日中には終わらないな」と感じましたので、スケジュールの見直しを行うことにしました。

「○○さんにメール」は15分位で書けると思ったので、原稿の修正を中断して、その時点でメールを書いて送りました。また、「新聞の片付け」は「本の片付け」と一緒にやった方が効果的だと思い、翌日の15日に動かしました。また、ボイストレーニングは16日に先送りすることにしました（197ページ図3）。

このようにスケジュールを「見える化」しておくと、時間が余ったときにそのサイズにあった「やりたいこと」を見つけることができます。

また、時間が足りなくなったときは、どこに持っていくのが一番良いかが分かり、「時間のやりくり」がとても上手くなります。

「時間のやりくり」は1週間よりも1ヶ月というように、スケジュールの期間を長く取れば長く取るほどやりやすくなります。

■ 図3

10月10日	10月11日	10月12日	10月13日	10月14日	10月15日	10月16日
セミナー準備（決算書の読み方）	セミナー準備（営業）	旅行	旅行	原稿修正	本の片付け	CD を返す
セミナー準備（情報収集）	セミナー準備（決算書速読術）			○○さんにメール	エゴスキュー2	ジム
ボイストレーニング6	17 時○○さんと会う			新聞の片付け	クリーニング	部屋の片付け
雑誌執筆のための資料を集める				ボイストレーニング7	ツタヤ	

終わらなかった部分は
できる日に移動させる

10月10日	10月11日	10月12日	10月13日	10月14日	10月15日	10月16日
セミナー準備（決算書の読み方）	セミナー準備（営業）	旅行	旅行	原稿修正	原稿修正	CD を返す
セミナー準備（情報収集）	セミナー準備（決算書速読術）			○○さんにメール	新聞の片付け	ジム
ボイストレーニング6	17 時○○さんと会う				本の片付け	部屋の片付け
雑誌執筆のための資料を集める					エゴスキュー2	ボイストレーニング7
					クリーニング、ツタヤ	

もちろんスケジュール表の中には、仕事の予定だけではなく、「海外旅行」「友達との飲み会」などの楽しい予定をどんどん書くことによってモチベーションを高めていくことも大切です。

2．タイムスケジュールを作成するコツ

私はタイムスケジュールを作るときに、次のような工夫をしています。

①目標回数のあるもの

私は実家に月3回電話することを目標にしていますが、忙しくてなかなか電話をすることができませんでした。

そこで現在は、スケジュール表の月初の部分に「実家に電話1」、10日頃に「実家に電話2」、20日頃に「実家に電話3」とスケジュール表に記載するようにしました。

これをするようになってから、時間のやりくりをしながら実家に月3回電話ができるようになりました。

他にもボイストレーニングなどの目標回数があるものについては、スケジュールを作成するときに回数を入れることによって、目標回数を達成できるように工夫しています。

②セットにしておいた方が良いもの

先日友人の結婚式に参加したのですが、家を出る直前に靴を磨いていないことに気がつきました。あわてて靴を磨いたのですが、もう少しで遅刻してしまうところでした。

それから私は、「結婚式」などのきちんとした格好をしなければならないときは、「靴磨き」もセットでスケジュール表に入れることにしました。

スケジュール表に書いておくと数日前から目に付きますので、時間のあるときに磨くことができます。このようにセットにしておいた方が良いものについては、一緒にスケジュール表に予定を入れることにしています。

③色分けする

スケジュール管理で一番大切なのは、モチベーション管理です。

そのため、スケジュール表の中の楽しいことについては、目立つような色をつけています。

例えば、人と会うときは黄色、ジムに行くときは青色などというようにスケジュールの内容によって、色分けすると見た目も分かりやすいと思います。

幸運を呼びこむ身体を作る「数字ダイエットシート」の作り方

数字ダイエットとは、食べたもの、体重を減らす活動、体重の3つを「見える化」し、数字を見ながら自分に合ったダイエット方法を探すというものです。

それでは次の3つのステップで、数字ダイエットシートの作成及び分析方法を説明していきます。

1．数字ダイエットシートの作成及び分析方法

数字ダイエットシートは、次の3つのステップで作成、分析していきます。

ステップ1　食べたものを記録する
ステップ2　体重を減らす活動と体重を記録する
ステップ3　数字ダイエットシートに記録した内容を分析する

ステップ1　食べたものを記録する

効果的なダイエットをするためには自分がいつ、何を食べたかをしっかりと理解する必要がありますので、最初に「何時に何を食べたか」を記録します（203ページ図4）。

ステップ2　体重を減らす活動と体重を記録する

体重を減らす活動についてはお風呂、ストレッチ、ジムなどの体重を減らすのに役立ったと考えられる活動を書きます。例えば10月14日は1日中原稿を書いていたので、気分転換とダイエットを兼ねてお風呂に3回入っています。

そして、一番下の部分に体重を記録します。

■ 図1 数字ダイエットシート

時間	10月13日	10月14日	10月15日	10月16日
1				
2				
3				
4				
5				
6				
7		バナナ		
8	朝食（和食）	パン、チーズ	バナナ	
9				
10				
11				
12		ゴーヤチャンプル、玄米ごはん	五目おこわ、豚のしょうが焼き	真鯛のムニエル、カブと油揚げの煮物、サラダ、玄米ごはん
13				
14				
15	バナナ、魚肉ソーセージ			
16			ソイジョイ	
17	和菓子			
18	カジキのトマトソース炒め、玄米ごはん、漬け物	目鯛の照り焼き、五目おこわ、吸い物	炒り豆腐、サラダ、カブの葉の炒め煮、玄米ごはん	
19				
20				キノコうどん、マグロの刺身
21	みかん			
22	りんご、魚肉ソーセージ			みかん
23	納豆×2	バナナ、豆乳		
24		みかん、りんご、ソイジョイ		
体重を減らす活動	風呂2回、ボイストレーニング、ジム	風呂3回、ストレッチ	風呂1回、ボイストレーニング	風呂1回
体重	68.4	68.2	68.0	68.2

ステップ3　数字ダイエットシートに記録した内容を分析する

食べたもの、体重を減らす活動、体重の3つを比較しながら、体重が減少傾向にある、もしくは目標となる体重をキープしているのでしたらOKです。

しかしながら、体重が増えてしまっているようでしたら、何がいけなかったかを分析し、食生活と体重を減らす活動を見直していきます。

2. 数字ダイエットを続けるコツ

私は数字ダイエットを続けるために、次のような工夫をしています。

①自分を癒しながらダイエットする

数字ダイエットで大切なことは、がまんをするのではなく、ゆっくりとでも良いので目標に向かって続けられる方法を見つけることです。

ダイエットが続かないときは、「がまんが足りない」と自分をせめるのではなく、**「癒しが足りなかったのではないか」**と考えて、自分に優しくしてあげて下さい。

私は次の5つのことに気をつけながら、ゆるーく数字ダイエットを続けています。

1. 週に1日程度は、好きなものを食べてストレスを解消する
2. おなかがすいたら、がまんせずに太りにくいものを食べる
3. バランスの良い食生活を考える
4. お風呂に入る時間を長くする
5. 睡眠時間をできるだけ確保する

②ダイエットシートへの記録方法

数字ダイエットシートに食事の内容や体重を減らす活動を記録するときに、どれ位細かく記録すれば良いかと悩むこともあると思います。

もし余裕があれば、体重を減らす活動として「ジム」と書くよりも、「ランニング30分、ストレッチ、ウェイトトレーニング」と書いた方が良いと思いますが、私はめんどくさいのであまり細かくつけてはいません。

私はだいたいジムに行くと1時間くらい運動しますので、ジムでどんな運動をするかよりも、ジムに月に何回行ったかという回数の方がダイエットには重要でした。細かく書こうとすると、数字ダイエットシートの入力がめんどくさくなってしまいますので、あまり負担にならない程度に記録すれば良いと思います。

③体重が減らないとき

ダイエットを始めると最初は面白いように体重が減ってきますが、ある時点で体重の減少が止まってしまいます。

私の場合は75kgから68kgまでは5ヶ月ほどで減りましたが、その後はあまり体重が減らない停滞期に入りました。停滞期になるとモチベーションが続かなくなり、ダイエットをあきらめてしまう方も多いと思います。

数字を見るときに大切なのは、ポジティブに見ることです。

「体重が68kgから減らない」と考えるのではなく、「75kgあった体重が68kgに減ったから、このダイエットは成功したな。もっと体重を減らすにはどうすれば良いのだろう」とポジティブに考えていくことです。

それから1年半ほど68kg前後を推移していたのですが、腰痛をきっかけとして体重を66kgまで減らすことができました。

私の場合は本を書くようになってから慢性的な運動不足になり、だんだん腰痛がひどくなってきました。

これ以上腰痛がひどくなると仕事に差し支えると思ったので、仕事を少し減らしてランニングや水泳、ストレッチなどの運動する時間を取るようにしたところ、腰痛がだいぶ楽になっただけではなく、体重を2kg減らすことができました。

停滞期というのは目標を達成する一歩手前でおとずれますので、この時点であきらめてしまうのはもったいないことです。

時間のやりくりをしながら体重を減らす活動を増やしていき、再び目標に向かってゆっくりと進んでいけば良いのではないでしょうか。

願いを叶える「キャッシュフロー表」の作り方

3章「願いを叶えるキャッシュフロー表」では、次の3つのステップでバランス良くお金とつき合っていく方法を説明しました。

ステップ1　大きな視点からお金の流れを管理する（102ページ）
ステップ2　無駄なお金を使わない習慣を作る（111ページ）
ステップ3　お金を増やす方法を考える（125ページ）

大きな視点からお金の流れを管理するためには、キャッシュフロー表を作る必要があります。そこで、もう一度キャッシュフロー表の作成方法と、効率的にお金を管理するコツを説明します。

1．キャッシュフロー表の作成方法

キャッシュフロー表は次のような順番で作成していきます。

①ひと月の収入・支出を計算する（現在のお金の流れを分析する）
②キャッシュフロー表を作る（未来のお金の流れの見通しを立てる）
③通帳残高とキャッシュフロー表を合わせる（現在の財産を把握する1）
④投資と貯金を合わせた残高表を作る（現在の財産を把握する2）

①ひと月の収入・支出を計算する（現在のお金の流れを分析する）

最初に行わなければならないのは、現在のお金の流れを分析することです。
家計簿をつけている方は、家計簿を参考にしていただければ良いと思います。
家計簿をつけていない方は、電気代の請求書などを見ながら、大まかな数字を把握して下さい。

このステップで計算するひと月の収入・支出の数字は、未来のお金の流れを知るためのものですので、それほど正確でなくても大丈夫です。

②キャッシュフロー表を作る（未来のお金の流れの見通しを立てる）

ひと月のお金の流れを把握したら、それをもとにキャッシュフロー表を作成します。

現在は10月という前提で、そこから半年分のキャッシュフロー表を作ってみます（211ページ図5）。キャッシュフロー表は「収入」「支出」「残高」の3つの部分に分かれています。


最初に10月の欄をご覧になって下さい。

収入である給料が30万円、支出である生活費が22万円、積立預金が3万円なので、10月の「月間収支」は「5万円」のプラスになります。そのため10月の初めに95万円あった残高が、10月の末には5万円増加して100万円になっています。

■ 図5 キャッシュフロー表

		10月	11月	12月	1月	2月	3月
収入	収入						
	給料	30	30	30	30	30	30
	ボーナス			60			
	収入合計	30	30	90	30	30	30
支出	支出						
	生活費	22	22	22	22	22	22
	積立預金	3	3	3	3	3	3
	海外旅行		20				
	家電製品購入			15		10	
	洋服				10		
	その他						10
	支出合計	25	45	40	35	35	35
残高	月間収支	5	-15	50	-5	-5	-5
	月初残高	95	100	85	135	130	125
	調整						
	月末残高	100	85	135	130	125	120

このように、毎月の収入の予定と、将来使う予定のお金を書き出すことによって、未来のお金の流れを「見える化」します。

頭の中で「11月は海外旅行に行って、12月はボーナスが入るから冷蔵庫を買おう」とばくぜんと考えるだけではなく、実際にキャッシュフロー表を作ってみるとお金の流れのイメージができ、無駄なお金は使いたくないと感じると思います。

③通帳残高とキャッシュフロー表を合わせる（現在の財産を把握する1）

キャッシュフロー表を作ることによって、未来のお金の流れを把握することができました。キャッシュフロー表は一度作ったら終わりではなく、収入や支出の見通しが変わった時点でアップデートさせていきます。

また、キャッシュフロー表は未来のお金の流れの予想なので、現実の銀行残高とは一致しません。一致しない理由としては、商品の代金をカードで払った場合には、商品を購入した月と代金を支払う月がずれてしまいますし、生活費の金額も毎月ぴったりと同じ金額になるわけではないので、必ずいくらかは差が出てしまいます。

このずれを修正するために、私は三菱UFJ銀行から毎月送られてくる「メインバンク総合ステートメント」という、ひと月の入出金と月末残高が分かる明細を見ながら、キャッシュフロー表の月末残高を修正しています。

ここで問題になるのはキャッシュフロー表の月末残高と、銀行残高の差をどのように調整するかですが、私は金額の大小によって調整方法を変えています。

そこで、差額の小さい10月と、差額の大きい11月に分けて調整方法を説明します。

「10月―キャッシュフロー表の予定残高よりも銀行残高が3万円少なかった」

10月のキャッシュフロー表の月末残高は100万円でしたが、実際の銀行残高は97万円でした。この3万円はカードを使ったことによるずれかもしれませんし、細かい支出が積み重なって使った金額が3万円増えてしまったのかもしれません。

この3万円をどう捉えるかが問題となりますが、ある程度収入がある方であれば、あまり深く分析する必要はないと思います。

差額について分析をしない場合は、調整欄に「マイナス3万円」と記載して、キャッシュフロー表の残高と銀行残高を合わせます（214ページ図6）。

■ 図6 キャッシュフロー表の修正—10月

		10月	11月	12月	1月	2月	3月
収入	収入						
	給料	30	30	30	30	30	30
	ボーナス			60			
	収入合計	30	30	90	30	30	30
支出	支出						
	生活費	22	22	22	22	22	22
	積立預金	3	3	3	3	3	3
	海外旅行		20				
	家電製品購入			15		10	
	洋服				10		
	その他						10
	支出合計	25	45	40	35	35	35
残高	月間収支	5	-15	50	-5	-5	-5
	月初残高	95	97	82	132	127	122
	調整	-3					
	月末残高	97	82	132	127	122	117

「11月─キャッシュフロー表の予定残高よりも銀行残高が21万円多かった」

11月のキャッシュフロー表の月末残高は82万円でしたが、実際の銀行残高は103万円と、21万円の差がありました。21万円の差というのは、大きな金額のずれなので、この差について分析する必要があります。

銀行の残高明細とクレジットカードの明細を見たところ、海外旅行に行ったのは11月ですが、代金をクレジットカードで支払ったため、引き落としが12月になることが分かりました。

そこで、11月に予定していた海外旅行の支出20万円を12月にずらすとともに、残りの1万円については調整欄に「1万円」と記載します（216ページ図7）。

いくら以上の金額のずれを大きいと感じるかは、その方の収入の状況によって変わってくると思います。すべての金額のずれを分析していると時間がかかってしまうので、3万円、5万円というような金額を決め、それ以下の金額については「調整欄」で処理してしまうのが効率的だと思います。

■ 図7 キャッシュフロー表の修正—11 月

（単位：万円）

		10月	11月	12月	1月	2月	3月
収入	収入						
	給料	30	30	30	30	30	30
	ボーナス			60			
	収入合計	30	30	90	30	30	30
支出	支出						
	生活費	22	22	22	22	22	22
	積立預金	3	3	3	3	3	3
	海外旅行		→	(20)			
	家電製品購入			15		10	
	洋服				10		
	その他						10
	支出合計	25	25	60	35	35	35
残高	月間収支	5	5	30	-5	-5	-5
	月初残高	95	97	103	133	128	123
	調整	-3	(1)				
	月末残高	97	103	133	128	123	118

④投資と貯金を合わせた残高表を作る（現在の財産を把握する2）

普通預金以外にお金を運用していない方は通帳残高の確認で終了ですが、定期預金や投資信託などの金融商品でお金を運用している方は、定期的に残高表を作る必要があります。定期預金、外貨、投資信託等で資金を運用している人の10月末時点の残高表は、次の図8のようになります。

■ 図8 残高表（10月末時点）

（単位：万円）

種類	金額
普通預金	97
定期預金	50
外貨	100
投資信託1	150
投資信託2	100
合計	497

外貨、投資信託などは価値が変動しますので、定期的に数字をチェックする必要があります。

残高表は毎月作った方が良いと思いますが、めんどうな場合は3ヶ月に一度程度でも良いと思います。

2．効率的にお金を管理するコツ

私は効率的にお金を管理するために、次のような工夫をしています。

①2種類のお金の管理方法

お金の管理法には使ったお金を管理する方法と、残ったお金を管理する方法の2種類があります。

使ったお金を管理する代表的な方法は家計簿です。

残ったお金を管理する方法としては、本書で説明したように銀行残高を確認しながら、キャッシュフロー表を作って、いくらお金を使えるかをシミュレーションする方法です。

もちろん時間の余裕がある方は家計簿をつけた上に、キャッシュフロー表を作成するのが一番良いと思いますが、私自身はめんどうなので家計簿はつけていません。家計簿をつけて使ったお金を管理する一番の目的は、現在使っているお金を節約するためだと思います。

それに対して銀行残高を管理する一番の目的は、将来いくらお金が使えるかを把握するためです。

ただ、銀行残高が減っていくのを見るのは気分の良いものではありませんので、銀行残高を常に把握する習慣をつけると無駄遣いが減ると思います。

私が銀行残高を気にするようになったのは、大学時代にひとり暮らしを始めたときです。仕送りとアルバイトの範囲内で暮らしていかなければなりませんし、サークルなどで旅行に行くときにはそのためのお金を貯めなければなりません。

そのときに、銀行残高を常に把握する習慣と、キャッシュフロー表を作って旅行代金等の必要なお金をやりくりすることを思いつきました。

大学時代に身につけたお金に対する感覚は、現在も変わっていません。

私のように家計簿をつけるのが面倒だと感じる方は、銀行残高を常に見直す習慣をつけて、無駄遣いを減らすというのが良いのではないでしょうか。

②お金とストレスの関係

ストレスを解消する最も簡単な方法は、美味しいものを食べるか、欲しいものを買うかの2つだと思います。

美味しいものを食べてストレスを解消しようとすると太ってしまいますし、欲しいものを買ってストレスを解消しようとするとお金がなくなってしまいます。

私自身、ストレス解消の方法が美味しいものを食べることでしたので、太ってしまいました。それと同じように、よく無駄遣いをしてしまう方は、ストレスを解消するために一時的に、その商品が欲しくなっているのだと思います。

ストレス解消のためにお金を使ってしまうのであれば、ダイエットの時と同じように、無駄遣いをした自分を責めるのではなく、ストレスを感じている自分を癒してあげて下さい。気分が落ち着けば無駄遣いも減っていくと思います。

ちなみに私は、体調が悪かったり、気分がいらいらするようなときには、できるだけ買い物をしないようにしています。

気分の良いときにゆっくりと買い物をすることが、無駄遣いを防ぐ一番効果的な方法ではないでしょうか。

エピローグ　大切なのは数字ではなく、数字の裏のストーリー

私は「1000万円ためる!」とか、「ダイエットをしてウエストを58センチにする!」というように、数字を目標にがんばるというのは、どうかな……と思ってしまいます。

もちろん楽しみながら目標に向かっている間は問題ないのですが、数字にとらわれすぎると苦しい思いをすることになります。

私自身、数字を目標としてつらい思いをしたことがあります。

私は25才で会計士の試験に合格し、最初の勤務先として外資系の会計事務所を選びました。

外資系の会計事務所を選んだのは、入社試験の面接のときに「うちの事務所にくれば、国内の会計事務所で10年かかる経験を3年で積むことができる」という、面接官の言葉でした。

少しでも早くプロフェッショナルとして認められたかった私にとって、その言葉はとても魅力的でした。

また、当時は30代で年収1000万円が一流ビジネスマンの証と雑誌などで特集されていましたので、私も年収1000万円を目標にがんばっていました。

正直なところお金が欲しかったというよりは、年収1000万円もらうことによって、「自分で自分の価値を認めたかった」、言葉を変えれば「自分で自分に自信を持ちたかった」のだと思います。

まじめに仕事に取り組んだこともあり、キャリアと年収は順調にステップアップしていきましたが、その頃の自分を振り返ると、人生のエネルギーのほとんどを仕事で使い切っていました。

毎日、夜12時過ぎまでは仕事か仕事に関する勉強をしていましたし、休みの日もその週に終わらなかった仕事と翌週の仕事の準備をしていました。

そんな生活を3年ほど続けたところ、増え続ける仕事量と、仕事からのプレッシャーから疲れがどんどんとたまっていきました。

最初の頃は背中の張りを感じるくらいでしたが、最後の方は睡眠があまり取れないことに加えて1ヶ月ほど微熱が続き、これ以上は体が持たないと感じたので、半年ほど仕事を休むことになりました。

ちなみに、「コラム④最大の財産は健康と友人」は、このときに痛感したことです。

休職したときにはある程度の預金があったのですが、仕事を休んでいる間は収入がなく、思った以上の早さで減っていく預金残高を見ながら心細さを感じていました。

また、体を壊したときは仕事がつらくて事務所を辞めようと思い、人事部長と面談のアポイントを取りました。

ところが、指定された日時に事務所に行ったところ、人事部長は急用で外出してしまい、面談は延期になってしまいました。

そのとき、たまたまお世話になった先輩が何人か事務所にいらっしゃいました。事務所を辞めようと思っていると話したところ、先輩から、

「望月さん。そんなにつらいんだったら辞めるのはしょうがないかもしれないね。もし、もう一度この事務所で働きたいと思ったら、僕のところにおいでよ。また、戻れるようにしてあげるから」

と言われました。

それまでは仕事のつらさで頭がいっぱいでしたが、先輩たちと話をしているうちに昔の楽しかった仕事のことを思い出してきました。

そして、「こんなに優しい人がたくさんいる事務所を辞めるのはもったいない」と感じ、事務所を辞めずに体調が回復するまで休ませていただくことにしました。

現在は元気に仕事をしていますが、復帰することができたのは先輩や友人のおかげだと思っています。

仕事を休んでいる時に考えたことは、人生は長いのだからそんなに急ぐ必要はないのかなということでした。

また、何かを手に入れることによって満足を得ようとするのではなく、健康や人間関係のバランスを取りながら、日々の生活を充実させることによって人生を意味のあるものにしなければならないとも感じました。

人間は機械と違って、感情を持っています。

機械の性能は数字で測ることができますが、人間の幸せは数字で測ることはできません。

私は**数字とは現実を写した鏡**のようなものだと思っています。

大切なのは鏡の中の世界ではなく、今あなたが幸せであるという現実です。

私は人生の意味というのは、世の中にある答えに自分をあてはめようとするのではなく、自分の中にある自分だけの答えを見つけ出すことだと思います。

とはいえ、人は自分の姿を見ることはできませんので、その答えを見つけ出すのは容易なことではありません。

私自身、会計士の仕事をしたり、本を書いたりしながら、どのように生きていくのが、自分と回りの人を幸せにすることができるかと現在も模索しています。

現代は、いろいろな意味で生きづらい時代になってきました。

そんな時代こそ、上手くバランスを取りながら生きていかなければなりません。本書でお話しした考え方を使って、毎朝鏡を見るように、自分がバランスを取るために必要な数字を見る習慣をつけていただければと思います。

そして、**つらくなったら「がまんをするのではなく」、数字を見ながら上手くいく方向へ歩き出す方法**を考えてみて下さい。

本書が、あなたが数字にしばられる人生ではなく、あなたらしい幸せなストーリーを作り出すときのお役に立てれば幸いです。

それでは最後にスペシャルサンクスです。編集者の金子尚美さん、デザイナーの石間淳さん、イラストレーターのmatsuさん、藤田尚弓さん、中尾淳さん、傳智之さん、みなさまのアドバイスがなければこの本を完成することはできませんでした。

その他にも多くの方々のご協力をいただきました。本当にありがとうございました。そして、心から執筆活動を応援してくれる妻順子と私の家族に感謝します。

最後にこの本を読んで下さったみなさまに、感謝を込めて筆を置きたいと思います。

２００９年８月

望月　実

プロフィール

望月実（もちづき・みのる）

1972年愛知県名古屋市生まれ。幼少期から数字と人間心理に興味を持ち、立教大学で経済学を学んだ後に公認会計士となる。外資系会計事務所でしばらく働いていたが、ワーク・ライフ・バランスを手に入れるために、2002年に独立し、望月公認会計士事務所を設立。ドラッカー学会会員。

現在はビジネスだけではなくプライベートにも役立つ数字の使い方を提案している。また、数字をテーマとした分かりやすい著書やセミナーには定評があり、女性、新社会人、大学生から熱烈な支持を受ける。主な著書に『問題は「数字センス」で8割解決する』（技術評論社）、『<数字がダメな人用>会計のトリセツ』『会計を使って経済ニュースの謎を解く』、『課長の会計力』（日本実業出版社）、『決算書分析術』『決算書速読術』（阪急コミュニケーションズ　共著）がある。

著者Webサイト URL

「アカウンティング・インテリジェンス」http://ac-intelligence.jp/

いいことが起こり続ける数字の習慣
こころの平和をつくる自分マネジメント

2009年9月11日　初版発行

著　者　望月実
発行者　野村直克
発行所　総合法令出版株式会社
〒107－0052　東京都港区赤坂1-9-15　日本自転車会館2号館7階
電話　03-3584-9821（代）
振替　00140-0-69059

印刷・製本　中央精版印刷株式会社

ISBN978-4-86280-169-2

総合法令出版ホームページ　http://www.horei.com